Plentyndod ym Môn
AR LAN Y MÔR

Mabael William

Plentyndod ym Môn

AR LAN Y MÔR

Michael Williams

Argraffiad cyntaf: Mehefin 2005

ⓗ *Michael Williams/Gwasg Carreg Gwalch*

Rhif Llyfr Safonol Rhyngwladol:
0-86381-995-8

Cynllun Clawr: Sian Parri

Argraffwyd a chyhoeddwyd gan Wasg Carreg Gwalch,
12 Iard yr Orsaf, Llanrwst, Dyffryn Conwy, LL26 0EH.
℡ 01492 642031
🖷 01492 641502
✆ llyfrau@carreg-gwalch.co.uk
Lle ar y we: www.carreg-gwalch.co.uk

*Diolch yn fawr i Dyfed Evans am olygu'r gwaith
ac am sawl awgrym gwerthfawr*

Taid a Nain

Fe'm ganed yn sir Fôn a'm magu yno gan fy nhaid a nain. O wrando ar hanesion ganddynt gallaf fynd yn ôl gan mlynedd a mwy fel pebawn i fy hunan yn byw yn yr oes honno. Clywais ail-adrodd yr un straeon lawer gwaith am eu hynt a'u helynt ym mhlwyf Llanfechell; fy nain yn byw mewn tyddyn bach ag enw digon od arno, sef Y Blew, a nhaid wedyn wedi ei fagu ar dyddyn ag enw mwy rhamantus iddo, Nyth y Dryw.

Yn yr hen amser seiri coed, meddir i mi, fyddai'n meddwl am enwau ar dai. Ynglŷn â chartref fy nhaid mae'n rhaid fod dryw neu ddau yn nythu ar glawdd gerllaw. Ond beth am Y Blew tybed? Dyma'r esboniad a glywais i; byddai'n arferiad erstalwm i gloddio twll yn y ddaear a'i lenwi â chalch poeth ar gyfer adeiladu ac i blastro'r parwydydd tu mewn. I gryfhau'r calch rhoddid blew gwartheg ynddo. Mae'r gymysgfa i'w gweld hyd heddiw ym muriau rhai hen fythynnod ar hyd a lled y wlad. Byddai'r ffermwyr yn arfer crafu'r blew oddi ar y gwartheg bedair gwaith y flwyddyn a'i werthu i wneud y mortar blew fel y'i gelwid.

Mae'r hen enwau a fabwysiadwyd ar dai yn ddiddorol iawn a'u hystyron yn ddigon amlwg yn aml. Bûm i'n byw mewn tŷ wedi ei godi ar waelod chwarel fechan. Felly, pa enw amgenach na Tŷ-yn-y-twll a ddaeth, yn naturiol, yn Tŷ'n Twll? Mae hwnnw yn dal ar ei draed ers tri chan mlynedd. Yn ei ymyl, wrth sawdl bryn, y mae Bryn Tirion, a dyna ansoddair a rydd inni ddisgrifiad perffaith o'r lle. Wedyn dyna ffermdy Bryn Corsydd sy'n amlygu ansawdd y tir o'i gwmpas. Yn wir, gallaswn enwi hanner cant a rhagor o dyddynnod a bythynnod a ffermydd ar Ynys Môn y byddai'n ddigon hawdd dyfalu sut y cafwyd enwau arnynt dim ond inni edrych o'n cwmpas yn weddol fanwl.

Af yn ôl i Lanfechell. Priododd fy nhaid a nain yn ieuanc iawn a chawsant wyth o blant. Gwas fferm oedd ef yn canlyn ceffylau, yn gertmon fel y dywedir ar lafar ym Môn. Yn fuan wedi geni eu plentyn cyntaf, merch o'r enw Grace, penderfynwyd mudo ar draws y sir, o'r Gogledd i'r De, o fôr i fôr bron iawn, o blwy Llanfechell i blwy Cwyfan ac i ardal 'Berffro.

Mewn ffair gyflogi yn Llangefni cawsai taid hanes gwaith, i ganlyn ceffylau eto, ar fferm o'r enw Henllys Fawr, ac roedd bwthyn bach ar gael ynghlwm â'r gwaith. Felly y symudasant i Benrallt, Aberffraw. Y mae'r enw Henllys Fawr yn siŵr o daro tant i bob Cymro darllengar oherwydd dyma gartref W.J. Griffith, awdur *Storïau'r Henllys Fawr*. Yr enwocaf o'r storïau hyn, yn ddiamau, yw 'Yr Hen Siandri' y bu llawer o adrodd arni o lwyfannau eisteddfodol Cymru ac a addaswyd hefyd ar gyfer y teledu. Hen Awstin mawr a ddaeth oddi ar y blociau yn 1903 oedd yr hen siandri, gyda llaw.

Ar ddydd Sadwrn braf yn y gwanwyn y bu'r ymfudo i Benrallt. Gosodwyd y garfan gario gwair ar y drol er mwyn cael mwy o lwyth a thaenwyd nithlen dros y trwmbal rhag baeddu a chrafu'r dodrefn. Yn rhywle cyfforddus ynghanol y llwyth eisteddai'r fam a'r babi bach yn ei choets wrth ei hochr. Go brin, fodd bynnag, y bu'r siwrnai yn un esmwyth. Truenus iawn oedd cyflwr y lonydd bach yr adeg honno a doedd y lôn fawr, hyd yn oed yr A5, ddim llawr gwell 'chwaith. At hynny roedd angen croesi un cae a oedd yn bant ac yn boncyn.

Golygai'r daith rai oriau o drafael gan aros sbel tua hanner ffordd i roi blawd a dŵr i'r ceffyl. I taid, golygai hefyd siwrnai yn ôl a blaen 'run diwrnod gan mai cael benthyg y drol a wnaethai, a hithau'n ddydd Sadwrn. Roedd yn rhaid ei dychwelyd 'run noson. Pechod anfaddeuol fyddai rhoi trol ar y lôn ar y Sul. Dim ond car a cheffyl oedd yn weddus ar y Sabath ac nid i gymowta y caniateid hynny ychwaith – dim ond i fynd i lan neu gapel neu i fynd at y meddyg. Wrth lwc, yr oedd gan taid feic i fynd yn ôl i Benrallt er mai pethau prin oedd y rheini yn y cyfnod hwnnw. Cerdded oedd piau hi bron i bobman.

Clochydd dwy eglwys

Y dydd Llun dilynol dechreuai taid ar ei waith am saith y bore ac ni chawsai noswyl tan chwech y nos. Fe'i cofiaf yn dweud mai llyfnu tir glas fu ei orchwyl cyntaf, cerdded am ddyddiau tu ôl i'r og. Yn ei dro âi efo'r drol i'r stesion i nôl llwyth o lo. Byddai tri neu bedwar tân bron ym mhob tŷ fferm go fawr yr adeg honno.

Yn ogystal â nhaid yr oedd tri gwas arall yn Henllys Fawr. Wil Jones oedd un ohonynt neu Wil Bodfeurig fel y'i gelwid weithiau gan iddo fynd yn was bach i'r fferm honno yn syth o'r ysgol. Wil Jones 'Berffro ydoedd i eraill. Roedd o'n dipyn o gymeriad a chaf gyfle i sôn amdano eto yn y man. Roedd pob gwas fferm bryd hynny yn cnoi bago siag ac ystyrid Wil yn bencampwr o boerwr. Cyfeiria Ifan Gruffydd mewn darlith fod Wil y medru poeri sugn baco saith llath yn erbyn gwynt ond yn ei gyfrol, *Gŵr o Baradwys*, Wil Huws, 'Berffro sydd ganddo a phedair llath a boera hwnnw. Boed saith, boed bedair, mae'r ddau yn gryn bellter yn erbyn y gwynt!

Wedi gweithio'n galed am rai blynyddoedd yn Henllys Fawr, cyflogodd fy nhaid i fynd i Langwyfan Isaf ar y terfyn, a chartrefu mewn tyddyn bychan o'r enw Tŷ Cwyfan a oedd hefyd yn dŷ'r clochydd. Yr oedd ganddo ddwy eglwys i ofalu amdanynt, gwaith a'i plesiai'n gampus gan ei fod yn eglwyswr selog iawn. Âi i'r eglwys dair gwaith y Sul yn ddi-feth, trwydded iddo'i ystyried ei hun yn 'eglwyswr mawr'. John ac Ann a fuasai'n byw yn Nhŷ Cwyfan o flaen fy nhaid a nain, hen bâr wedi gofalu am y ddwy eglwys am flynyddoedd meithion ond a benderfynodd symud i bentre'r 'Berffro ar ôl mynd i wth o oedran. Felly y cafodd taid denantiaeth y tyddyn.

Bu'r tir lle saif eglwys Cwyfan yn fan cysegredig ers yn gynnar iawn. Yr oedd yno rhyw fath o addoldy yn y chweched ganrif, a hwnnw chwe milltir yn y tir yn ôl pob sôn. Codwyd eglwys yma yn y drydedd ganrif ar ddeg a'i chysegru i Sant Cwyfan. Roedd honno hefyd ar y tir mawr ond ymhen tair canrif arall yr oedd y môr wedi bwyta'r tir nes bod yr eglwys bellach ar ynys. Adeiladwyd eglwys newydd eto ar y tir mawr tua diwedd y bedwaredd ganrif ar bymtheg ac ychydig a ddefnyddiwyd ar yr hen eglwys ar ôl hynny. Dirywiodd yr adeilad yn y stormydd ac aeth yn furddun, ond yn ffodus aeth nifer o hynafiaethwyr cefnog ati i roi to arni a chodwyd mur cerrig o'i chwmpas i'w gwarchod rhag y môr.

Deuai – a daw o hyd, wrth gwrs – gannoedd o ymwelwyr i weld yr eglwys bob haf. Yn tŷ ni, sef Tŷ Cwyfan, y cedwid yr allwedd i fynd i mewn iddi a'r un cwestiwn fyddai gan bawb yn ddieithriad, sef: pam codi eglwys yn y fath le? Ni sylweddolent, wrth gwrs, fod yr hen addoldy yn wreiddiol chwe milltir o'r môr. Ond chwarae teg i'r ymwelwyr byddent i gyd yn rhoi rhywbeth yn y blwch i gynnal a chadw'r adeilad.

Safodd Tŷ Cwyfan ar ei draed er gwaethaf pob storm. Coron y flwyddyn oedd y rhent pan aeth taid yno, a'r eglwys a'i talai i George Meyrick, y meistr tir, am fod taid yn glochydd i'r ddwy eglwys, sef yr hen un ar yr ynys a'r un newydd ar y tir mawr.

Pan ddaeth yn amhosibl ymlwybro i'r hen eglwys ond ar y trai, cafwyd caniatâd gan Syr Meyrick i gysegru ystafell yn fferm Llangwyfan Isaf ar gyfer bedyddio, priodi a chynnal gwasanaeth claddu. Cludid yr arch i'r fynwent mewn trol ar ôl i'r llanw fynd allan. Roedd yna lechen yn y tŷ yn Llangwyfan yn rhestru'r rheolau, ond mae trigain mlynedd bellach ers i mi ei gweld ac ni chofiaf y manylion yn yr ysgrifen. Yn sgîl yr anawsterau tramwyo, yn enwedig i gladdu yn y gaeaf, fe ddaeth y drefn o gynnal gwasanaethau yn fferm Llangwyfan i ben a defnyddio'r eglwys newydd. Gan fod dwy eglwys yn dwyn enw Sant Cwyfan y mae'r trigolion yn galw'r un yn y môr yn Eglwys Bach, sy'n enw digon addas o ystyried ei maint. Cynhelir ynddi ddau wasanaeth y flwyddyn, y naill ym Mehefin a'r llall yn Awst.

Atgofion cynnar

Fel y dywedais yn gynharach, cafodd fy nhaid a nain wyth o blant, chwe merch a dau fab. Fel yr oedd y rheini yn gadael cartref fesul un i fynd i weini, fe gyrhaeddais innau, yn blentyn siawns, ac yn un arall i nain i'w fagu. Ni chofiaf adeg pan nad awn i bobman wrth sawdl fy nhaid a chlywais ef yn dweud ddegau o weithiau fel yr oedd 'yr hogyn 'ma dan draed'. Ond fe ddysgais lawer gan fy nhaid o fod yn ei gwmni mor gyson.

Mae gan bawb ohonom eu hatgofion cynnar ond fod rhai ohonom yn cofio o oedran cynharach na'r rhelyw. Y peth cyntaf a gofiaf fi yw cael potel o lefrith cynnes a theth arni ac yn mynd â hi dan y bwrdd i wardio rhag ofn i rhywun ddod i'r tŷ a'm gweld. Roedd lliain gwyrdd, tew yn gorchuddio'r bwrdd a hwnnw'n cyrraedd bron i'r llawr.

Bron yn ddieithriad byddai drws tŷ ni yn agored ac un bore daeth Huw Williams (Aberfab), cantor da, dyn hel yswiriant o'r 'Berffro heibio, wedi cerdded rhyw ddwy filltir a hanner ar draws y caeau, ac i mewn a fo heb guro, wrth gwrs, dim ond galw 'Oes 'ma bobol?' yn ôl yr arfer. Cofiaf sbecian ar nain yn agor clo'r cwpwrdd gwydr ac yn estyn y cerdyn a'r arian iddo – swllt a naw ceiniog fel y deuthum i wybod wedyn.

Roedd gan Huw Williams gi bach o'r enw Bob efo fo bob amser, daeargi â blew dros ei lygaid. Gwelodd y ci fi dan y bwrdd a dechreuodd gyfarth nerth esgyrn a thynnu yn y lliain bob yn ail. 'Peidied bod ll'godan fawr wedi dod i'r tŷ, Magi Williams,' meddai Huw Williams, 'mi dalith Bob hi ichi mewn munud'. A dyna lle roeddwn i, yn fan'no yn crynu gan ofn rhag cael brathiad, ond wrth lwc fe erlidiwyd Bob allan am ei fod erbyn hynny yn cnoi'r lliain. Wedi i'r ddau ei throi hi'n ôl am y 'Berffro mentrais innau o'm cuddfan yn ddigon llwyd fy ngwedd, mae'n siŵr. 'Ddigwyddodd strach fel honno ddim ond unwaith, diolch i'r drefn, ond bu'n ddigon imi roi heibio i'r botel.

A dyma gof plentyn eto. Cawn greision i frecwast bob bore efo llefrith y fuwch ddu, buwch y caf gyfle i sôn amdani eto. Clywswn rhywfodd fod bwyta creision yn dda am wallt cyrls. Edrychwn yn y drych yn aml, aml ond siom a gawswn bob tro. Doedd dim hanes o gyrls yn ymddangos, ond fe gefais rhywbeth arall yn sgil y creision, a phrofiad digon ysgytwol i'w ganlyn hefyd.

'Force' oedd yr enw ar y paced creision a llun o rhyw Sunny Jim oddi tano. Ped anfonech dop pum paced a phostal-order deunaw ceiniog i rywle yn Lloegr fe gaech degan meddal Sunny Jim drwy'r post o fewn deng niwrnod. Deng niwrnod? Roeddwn i'n disgwyl amdano'n obeithiol o'r diwrnod cyntaf, wrth gwrs.

'Fyddai'r postmon ddim yn galw yn tŷ ni onibai fod llythyrau hefyd i'r Penrhynod, sef dwy fferm ymhellach draw nag acw. Os byddai llythyr i ni fe'i gadewid i fy nhaid yn Llangwyfan Isaf. Wel, aeth yr aros yn drech na mi, ac un prynhawn poeth ofnadwy, a minnau heb eto ddechrau'r ysgol, neidiais ar fy meic tair-olwyn ac unioni am Langwyfan. Pan welodd nain fi'n cychwyn dechreuodd ddweud y drefn gan ddarogan fod terfysg mawr ar ei ffordd. 'Wnes i ddim gwrando arni'n anffodus.

Ar y fferm, roedd y gweision bron i gyd yn y gorlan yn glanhau cynffonnau defaid. Eisteddais ar ben y wal i'w gwylio nes gwaeddodd fy nhaid fod y parsel wedi cyrraedd a'i fod mewn cwpwrdd yn y stabal. Ar fy ffordd o'r fan honno yr oeddwn pan dorrodd y storm o fellt a tharanau fwyaf ofnadwy a'r glaw yn ei harllwys hi. Rhedais i 'mochel dan goed drain duon gerllaw a daeth taid a'r gweddill yno ataf. Ffrwydrodd un fellten o fewn trwch blewyn inni. Cipiodd y gwellaif o law fy nhaid a disgynnodd yr erfyn i ganol y defaid. Ni ddylai fod wedi dal gafael yn y gwellaif, wrth gwrs, ond hawdd yw bod yn ddoeth wedi'r drin. Buom yn ffodus iawn na laddwyd neb ohonom. 'Rwy'n dal i glywed oglau'r fellten honno hyd heddiw, fel oglau powdwr gwn ar ôl ei danio.

Wedi'r dychryn bachodd pawb hi am y tŷ nerth traed a swatio yno nes i'r awyr glirio. Mewn llai nag awr roedd y dynion yn ôl wrth eu gwaith a minnau a'm beic tair-olwyn ar fy ffordd adref.

Roedd y parsel hir-ddisgwyliedig gennyf hefyd, wrth gwrs, y Sunny Jim ei hunan. Erbyn meddwl roedd rhywbeth yn ddigon hyll ynddo, yn drwyn i gyd, ac wedi ei wneud o gadachau bob lliwiau. Ond i mi, yn bedair oed, roedd o'n werth y byd! Fe'i cludwn i'm canlyn i bobman, gan gynnwys fy ngwely'r nos.

Mynd i'r ysgol

Daeth yn amser i minnau ddechrau'r ysgol. Cerddwn yn agos i dair milltir bob dydd yn ôl a blaen i ysgol 'Berffro. Am ryw wythnos neu ddwy ar y dechrau daethai fy modryb, Anti Harriet, i'm hebrwng bob cam o'r daith ac wedyn am gyfnod mynd â mi hanner ffordd nes deuthum yn ddigon o foi i wynebu'r siwrnai ar fy mhen fy hun, gyda fy nghinio mewn bag bach ar fy mraich a'r mwgwd nwy dros fy ysgwydd. Arferid berwi dŵr ar dân yr ystafell ddosbarth i wneud te, a chawsem ddiod o lefrith oer ym misoedd yr haf.

Wedi dechrau'r ysgol roedd yn chwith garw imi orfod bodloni'n gaeth rhwng pedwar pared a minnau wedi arfer cael penrhyddid ar lan y môr – a hynny drwy gydol y dydd weithiau, yn pysgota â lein neu'n dal crancod neu'n hel gwichiaid mewn bwced i'w berwi i swper. Bûm sbel go lew cyn setlo'n iawn yn yr ysgol, a hyd yn oed wedyn parhâi'r dynfa i fynd i lan y môr ar ôl te.

Dywedais gynnau fach fy mod yn cerdded i'r ysgol bob dydd. Doedd hynny ddim yn llythrennol wir, oherwydd y byddwn yn colli amryw byd o ddiwrnodiau mewn mis. Os byddai'n glawio yn y bore ni chychwynnwn o'r tŷ. Os deuai'n law ar y ffordd, a minnau wedi gwlychu, cawn fy anfon adre'n syth neu sychu'r dillad amdanaf wrth dân yr ysgol.

Yn y dosbarth roedd yna wyth ohonom yn blant y wlad, fel petai, sef y rhai a gerddai bellter ffordd i'r ysgol o gymharu â phlant y pentref. Ar ambell fore stormus byddai pob un ohonom yn absennol ac yn mynd i'r ysgol ar ôl cinio, efallai, os digwyddai godi'n braf. Roedd hi'n amser rhyfel, wrth gwrs, a 'doedd neb yn malio rhyw lawer, siŵr gen i, p'run a fynychem yr ysgol ai peidio.

Ar ôl dod adref a chael te un diwrnod euthum i un o gaeau Llancwyfan, Cae Croes wrth ei enw, i weld y beindar wrth ei waith. Roedd o'n beiriant digon dieithr, yn rhyw ddechrau dod i fri, ac yn dipyn o ryfeddod gan ei fod yn torri'r ŷd ac yn ei rwymo'n ysgubau hefyd. Ni fedrai'r beindar, fodd bynnag, fynd yn agos iawn at y cloddiau ac felly byddai dynion yn torri rownd y cae efo pladuriau. Y diwrnod hwnnw yr oedd tri yn pladurio, fy nhaid yn un, a dau arall yn rhwymo ar eu hôl.

Wil Jones Bodfeurig, tipyn o hen ben efo peiriannau, oedd yn gyrru'r tractor. Daethai yno o Henllys Fawr i roi help llaw am fod rhyw gam hwyl ar y tractor. Er fod Wil Jones wedi tynnu'r magneto a'i lanhau roedd yr hen dractor yn dal i glecian. Clyw-wn y glec yn eglur iawn bob tro y deuai heibio i'r fan lle'r eisteddwn ar ben y clawdd. Ar y pedwerydd neu'r pumed tro rownd y cae dilynwyd y glec gan fflam fawr o grombil y tractor ac aeth yr ŷd ar dân. Llwyddodd Wil Jones i gael y tractor a'r beindar at y clawdd ac yn glir â'r ŷd, a dechreuodd y dynion guro'r fflamau â'u pladuriau a'u manjars i'w diffodd. Roedd hi'n dipyn o ddrama tra parhaodd ac onibai fod y dynion yn dal yno buasai'r cae i gyd wedi mynd ar dân. Sicrhawyd magneto newydd o Langefni drannoeth a chafwyd y cynhaeaf i gyd i ddiddosrwydd, cnwd Cae Croes a thri chae arall, o fewn pythefnos. Roedd yno dair tas braf yn yr ardd ŷd, teisi gwerth eu gweld ac sy'n haeddu cyfeiriad pellach atynt maes o law.

Y weiarles

Radio, wrth gwrs, yw'r gair erbyn hyn ond weiarles a gawsom ni. Bu'r sôn am brynu weiarles yn codi ei ben yn aml amser swper, ond roedd taid yn erbyn braidd. Gwelai ddwy bunt ar bymtheg a hanner coron yn arian mawr am beth felly. 'Be sy'n bod ar y gramaffon?' fydda'i gân yn barhaus, ac onid yw'n rhyfeddod fel y mae dyn yn cofio geiriau fel'na ar ôl yr holl flynyddoedd. Fodd bynnag, pan ddaeth taid adref o'i waith rhyw nos Wener trawodd ei gyflog ar y bwrdd, aeth allan i roi blawd i'r ddwy fuwch ddu, daeth yn ôl i'r tŷ i nôl y bwced odro, ac medda fo fwyaf sydyn: 'Rydw i am fynd i'r 'Berffro ar ôl godro i gael gair efo Joni Cross K'. Dyn y garej oedd ef. Cross Key oedd yr enw iawn, ond fe'i talfyrrid gan bawb yn y gymdogaeth.

Fe aeth taid i'r 'Berffro – ac er syndod, fe brynodd weiarles gan Joni. Cyn ei chael, fodd bynnag, fe ddeuai Johni draw ar nos Lun i gael golwg ar y lle, i ddewis y man gorau i osod yr erial ac ati. Gosod polyn yn sownd yn y cwt ieir oedd y dyfarniad a rhoi gwifren rownd y pot corn i ddal pen arall yr erial. Yn y tŷ wedyn, setlo ar osod y set ar y bwrdd bach yn ymyl y dresal lle roedd basged wnïo nain. Clustfeiniwn innau'n astud iawn ar y trafodaethau cynhyrfus hyn.

Roedd hynny ar ddydd Llun, ond dydd Iau oedd y diwrnod mawr. Glawia'n drwm iawn yn y bore ac felly fu dim cychwyn i'r ysgol. Cefais aros adref y prynhawn hefyd y diwrnod hwnnw er iddi godi'n braf, er mwyn imi gael gweld y weiarles yn cyrraedd. A dacw hi – Cossor fawr mewn bocs o bren tywyll a hwnnw'n sgleinio fel swllt. Gosodwyd gwifren yr erial o'r polyn i'r corn ac wedyn trwy ffram y ffenestr i'r tŷ. Agorodd Joni y bocs mawr, tynnodd y weiarles allan yn ofalus o'i naddion coed a'i gosod ar y bwrdd. Welsoch chi 'rioed ffasiwn gyffro – a minnau'n colli dim.

I gael y peth i weithio roedd eisiau gosod tri batri yn eu lle, y batri sych mawr fflat, y batri gwlyb a rhyw fatri bach a elwid yn 'grid-bias'. Eglurodd Joni fod dau fatri gwlyb efo'r set. Y rhai gwydr yn llawn asid oedd y rhain. Roedd un, wrth gwrs, ar waith, a'r llall i'w gyfnewid bob nos Wener ar ôl ei tsharjio efo'r injian oel fawr oedd gan Joni yn Cross K.

Wedi'r stwna a'r egluro, dyma Joni yn troi'r nobiau a chlywaf y munud 'ma rhyw Hill Billy o'r Merica yn canu dros y tŷ. 'Does yna ddim newyddion inni gael gwybod be' sy'n digwydd yn y byd ma?' holodd nain. A dyna droi'r nobyn i chwilio – a chael, er mai gwell fyddai peidio â chlywed newyddion am wn i gan ei bod yn amser rhyfel.

Nain oedd yn talu i Joni am y weiarles a chyn iddo ymadael cafodd bowliad o de a darn o gacen gartre', a menyn cartre' hefyd yn dew arni. Byddai pawb a alwai heibio yn cael hynny.

Roeddwn i wedi ffansïo bocs mawr y weiarles o'r munud cyntaf y gwelais ef, a chytunodd taid imi ei gael ar un amod, sef fy mod yn mynd â'r naddion coed i'r nythod ieir. Cefais gysur mawr o'r bocs. Fe'i gosodwn ar ganol y llawr, mynd i mewn iddo o'r golwg ac yna neidio allan i ddychryn cymdogion pan ddeuant heibio. Cymerent arnynt eu bod yn dychryn beth bynnag!

Bu disgwyl mawr am taid adref o'i waith nos drannoeth er mwyn inni gael clywed y weiarles eto. Y syndod mawr yw iddo gymryd ati ar ei union. 'Does dim eisiau weindio hon', meddai, a chafodd yr hen gramaffon yr arferem wrando record 'Hen ffon fy nain' arni ddim llawer iawn o groeso wedyn. Un anfantais efo'r weiarles, weithiau, oedd fod rhyw ddyn o'r enw Lord Haw-Haw yn siarad ar draws pob dim efo'i 'Germany Calling, Germany Calling' ddydd a nos. Sylw nain oedd ei fod o'n brefu fel heffer wedi colli ei llo.

Pryfed i'r ieir

Yn wahanol i taid a âi i'w wely'n gynnar, roedd yn rhaid i nain gael aros ar ei thraed i groesawu'r flwyddyn newydd yn ddi-feth, a byddwn innau yn edrych ymlaen am gael cadw cwmpeini iddi a gwrando ar Big Ben yn Llundain yn taro hanner nos. Erbyn meddwl, ar record yr oedd y taro, mae'n siŵr. Doedd Big Ben ddim yn taro yn ystod y rhyfel does bosib. Pan ddechreuai Big Ben daro byddai nain yn rhoi'r weiarles yn uchel, uchel, mynd â hi i'r siambr a thynnu pob cerpyn oddi ar wely taid yn un swp ar lawr. Dyna lle byddai ef wedyn yn bloeddio yn ei grys isa a'i drons llaes, wedi ei ddeffro ar ôl teirawr o gwsg. Chwerthin a chwerthin a wnâi nain a minnau a'i adael yng ngolau'r gannwyll yn dal i brotestio dan ei ddannedd. Digwyddodd hyn am sawl blwyddyn. Pebai nain wedi cytuno mi fuaswn i wedi hoffi gwneud yr un peth bob nos Sadwrn, dyweder, gan y cawn gymaint o hwyl.

Fy ngorchwyl feunyddiol cyn mynd i'r ysgol oedd bwydo'r ieir dandi a'r hwyaid. Wel, 'fyddai'r hwyaid ddim yno bob dydd. Byddent wedi codi o'm blaen a'i heglu hi am lan y môr, rhyw ganllath i ffwrdd, i grafu yn y gwymon. Ar ddydd Llun, diwrnod golchi, yr oedd gorchwyl arall hefyd. Nôl y drybedd o'r cwt glo a'i gosod ar ganol y cowrt, rhoi papur newydd a phriciau a chlap neu ddau o lo rhwng dwy garreg oddi tani, tanio, rhoi ychwaneg o goed wedi i'r tân gydio'n iawn ac yna'r twb golchi ar eu pennau a'i lenwi â siwrnai o ddŵr o'r afon. Deuai Mrs Thomas o'r 'Berffro acw am naw a byddai gofyn i'r dŵr fod yn berwi erbyn hynny.

Yn y pnawn ar ôl gorffen golchi arhosai Mrs Thomas i lanhau neu wneud rhyw fanion. Roedd hi'n un dda ei llaw. Hi fyddai'n papuro bob amser – a nain yn ei helpu trwy baratoi'r pâst blawd a thorri ymyl y papur papuro –y sylfais – efo siswrn.

I roi sylw i taid am funud, mi fyddwn i wrth fy modd yn mynd i Langwyfan Isaf ato. Cofiaf gael mynd yno i weld y tracsion yn troi'r dyrnwr am y tro cyntaf, a nain wedi fy siarsio i eistedd ar ben clawdd yn ddigon pell gan fod hen beiriannau felly yn lladd plant bach. Ceisio fy nychryn i roedd hi, mae'n siŵr, ond roedd o'n gyngor digon doeth.

Y pleser pennaf un fyddai mynd i weld taid yn aredig efo gwedd o geffylau. Gwelais aredig Cae Bonc yn ymyl tŷ ni unwaith, cae creigiog a brwnt i'w drin a hwnnw ar oledd bur serth, yn dipyn o her i'r wedd. Dywedodd un hen fachgen o'r pentref ar y pryd fod trigain mlynedd er pan gawsai Cae Bonc ei aredig cyn hynny, a gwn innau, ymhen trigain mlynedd arall bron, na chafodd ei aredig wedyn.

Cyn imi fynd i'r cae, yn ôl yr arfer, perodd nain fi fynd a phiser â chaead arno efo mi i hel pryfed genwair i'r ieir a'r hwyaid. Roedd yn rhaid wrth gaead debyg iawn neu mi fuasai'r creaduriaid wedi ymlusgo o'r piser cyn i taid a minnau gyrraedd adref. Uwchben y cae sgrechiai cannoedd o wylanod, hwythau fel minnau yn chwilio am bryfed; gwelaf y gŵys yn agor yn araf a daw oglau iach y pridd i'm ffroenau.

Am chwech yr hwyr y byddai taid yn cadw noswyl ac yn gollwng y wedd. Cerdded wedyn efo'r ceffylau ar draws dau gae i'w swperu â blawd a gwair a dŵr ac unioni'n ôl am Gae Bonc ar y ffordd adref i godi'r piser. Parhâi'r gwylanod yno yn un blanced wen ar y cae nes penderfynu diflannu mesul rhyw ugain, ymhen hir a hwyr, draw am lan y môr.

Daeth oes y ceffylau i ben yn fuan wedyn pan ymddangosodd y Fordson Bach, ond mae ambell wedd i'w gweld o hyd mewn ras 'redig, diolch i'r drefn.

Plant cadw

Pan oeddwn i'n dechrau'r ysgol fe ddaeth sôn fod plant cadw ar eu ffordd o Lerpwl. Roedd pawb, meddid, yn gorfod eu cymryd. Doedd hynny ddim yn wir, ond fe ddisgwylid dau hogyn yn bendant i Langwyfan Isaf. Roeddynt i fod i gyrraedd ar nos Wener ac roedd Eric, fy ffrind, a minnau yn edrych ymlaen am gael hogiau newydd i chwarae â hwy.

Cofiaf yr Awstin Mawr yn cychwyn am stesion Tŷ Croes i'w cyrchu a ninnau'n eistedd yn amyneddgar ar ben clawdd yr ardd i'w disgwyl. Wrth ysgrifennu fy hanes fel hyn rwy'n sylweddoli imi dreulio cryn dipyn o'm plentyndod yn eistedd ar ryw ben clawdd neu'i gilydd!

Ta waeth am hynny, o'r car neidiodd dau hogyn cryf, a'r ddau yn ddu fel blacin; llygaid mawr gwynion a dannedd, os rhywbeth, yn wynnach fyth. Doedd Eric na minnau erioed wedi gweld plant duon cynt, dim ond ambell filwr rhyw hanner du yn y gwersyll cyfagos.

Roeddem yn dal ar ben clawdd pan ddaeth y ddau hogyn o'r tŷ yn ddiweddarach a'r forwyn yn eu hebrwng i ddangos tipyn ar y fferm iddynt. Pan ddaethant at giât Cae Ffynnon dyma'r ddau yn rhuthro drwyddi a rhedeg rownd a rownd ar ôl y defaid. Gwaeddai'r forwyn nerth ei phen arnynt ond doedd 'run o'r ddau yn gwrando dim arni. Yn y diwedd aeth y defaid o'u gwirfodd i gorlan yn nhop y cae, i le cyfarwydd mae'n debyg. O ystyried y corlannu didrafferth, gwnaeth yr hogiau well job na dau gi Llangwyfan!

Erbyn hyn roedd ar Eric a minnau ofn yr ifaciwîs braidd a symudasom oddi ar y clawdd i le diogelach ar ben grisiau llofft yr ŷd. Pan gyrhaeddais adref ni choeliai nain mo'r stori, ond coelio fu raid iddi pan glywyd fel yr oedd yr hogiau, fore Sadwrn, wedi unioni am Gae Llepan yn syth ar ôl brecwast ac erlid y gwartheg. Roedd y tarw du fan honno yn rhedeg yn rhydd efo'r buchod a bu'n rhaid prysuro i gael y ddau hogyn o'r cae. I'w dofi dipyn aeth y feistres â hwy am dro yn y car a chael gan y forwyn i gadw llygad arnynt yn y sedd ôl.

Yn y cyfnod hwnnw byddai llawer o ieir yn dodwy allan ar y slei ac yn mynd ati wedyn i ori yn eu nythod gwasgaredig. Nid oedd llwynog ar Ynys Môn ac fe gawsai'r wyau, o'r herwydd, berffaith lonydd. Ond fel pebai'r rhialtwch efo'r defaid nos Wener a'r gwartheg fore Sadwrn ddim yn ddigon yr hyn a wnaeth yr hogiau fore Sul oedd codi'r ieir gori i gyd oddi ar eu nythod. Fe sorrodd y rheini wedyn a gwrthod ail-eistedd ar yr wyau. Fore Llun daeth car mawr i nôl yr hogiau a'u bagiau a phopeth. Roedd pawb yn Llangwyfan, yn ogystal ag Eric a minnau, yn dweud gwynt teg ar eu holau. Ddaeth yno yr un ifaciwî wedyn.

Clywais ddweud mai'r tarw du, a oedd yn bur beryglus, a fu'r rheswm i'r awdurdodau fod mor barod i chwilio am le arall iddynt a pheidio ag anfon ychwaneg i'r fferm. Mae ewythr imi sydd bellach dros ei bedwar ugain yn cofio'r miri yn iawn. Diolch na pharhaodd ond tridiau!

Ni chlywais i neb arall gael trafferthion fel hyn efo'r ifaciwîs. Bu rhai ohonynt yn gyd-ddisgyblion â ni yn yr ysgol am flynyddoedd ac mae dau wedi aros yn y 'Berffro. Byddaf yn taro arnynt ambell dro.

Y stoc

Roedd acw yn Nhŷ Cwyfan fochyn yn cael ei besgi bob amser. Prynai taid fochyn bach yn un o'r ffermydd cyfagos a dod ag ef adref mewn sach ar ei gefn. Byddwn wrth fy modd yn gweld y mochyn yn cyrraedd a'i glywed yn gwichian wrth ymbalfalu o'r sach. Byddai bwyd yn y cafn yn ei ddisgwyl ond ni welais yr un o'r moch yn cythru i'w fwyta. Roeddynt wedi dychryn gormod yng nghyfyngder tywyll y sach, mae'n rhaid. Erbyn y bore, fodd bynnag, byddai'r cafn yn wag.

Eisteddais oriau ar wal y cwt yn gwylio'r mochyn ac yn lluchio crystiau iddo. Mae'n syndod mor fuan y tyfai. Mewn dim deuai'n amser i fynd ag o i'r sêl yn Nhŷ Croes – a dyna esgus i golli'r ysgol eto. Roedd yna dair milltir o daith. Cerddwn i ar y blaen efo bwced fach yn un llaw a ffon yn y llaw arall i roi slap i'r bwced bob hyn a hyn. Y bwced â blawd ynddi oedd y cymhelliad i'r mochyn fy nilyn. Tu ôl cerddai taid yn dal rhaff ynghlwm wrth droed ôl y mochyn. Meddyliwch y fath strach fuasai mynd â mochyn ar y ffordd fawr heddiw!

Un prynhawn Sadwrn, fe ddihangodd y mochyn o'i gwt rhywfodd. Doed o hyd iddo ar lan y môr, yn rhochian yn braf, yn tyrchu o dan y gwymon ac yn gwledda ar bysgod ac adar wedi marw. Doedd dim gobaith troi ei ben am adref. Âi'n bellach ac ymhellach oddi wrthym a thoc roedd at ei hanner yn y môr. Poenem yn ei gylch erbyn hyn ond fe nofiodd yn ddihangol i'r ynys. Mae mochyn yn nofiwr da ond ni all ddal ati'n hir gan fod ei goesau blaen yn taro yn erbyn ei wddf ac yn torri twll yn y ddwy ochr a pheri iddo waedu i farwolaeth. Dyna oedd yr ofn pennaf pan welsom ef yn mynd i'r dŵr. I'w gael o'r ynys arhoswyd am y trai ac fe gerddodd am adref yn gwbl ddi-strach. O'i weld yn dod, rhuthrodd nain i ddarparu bwcedaid o fwyd poeth iddo rhag ofn iddo gael oerfel wedi bod yn y môr. Byddai colli'r mochyn yn ergyd sylweddol i'r banc yn y cwpwrdd gwydr. O'r gelc honno y deuai arian i brynu dillad a 'sgidiau inni ein tri.

Yn ogystal â mochyn yr oedd acw hefyd ieir a cheiliogod, ieir dandi a hwyaid. Anaml iawn y byddai prinder wyau. Rhoddai nain iâr ddandi i ori wyau ieir cyffredin am fod y ddandan, meddai hi, yn well mam. Ond rhoddai iâr i eistedd ar wyau hwyaid.

Buan iawn y tyfai'r cywion ieir yn fwy na'r ddandan, wrth gwrs, a golygfa reit ogleisiol oedd ei gweld yn crafu am fwyd i'r crymffastiau mawr o'i chwmpas. Digwyddai rhywbeth yn debyg i'r iâr a'r cywion hwyaid, ond rhyfeddach fyth fyddai gweld yr hwyaid yn nofio ar y pwll a'r iâr druan yn rhedeg nerth ei chrafangau o'i gwmpas.

Roedd acw, ar un adeg, glamp o geiliog mawr coch a hwnnw'n beryg' bywyd. Llithrai'n ddistaw tu ôl ichwi a phlannu ei ewinedd yng nghroth eich coes nes byddai yna bedwar twll bach yn pistyllio gwaedu.

Yn y beudy roedd lle i rwymo dwy fuwch, dwy fuwch ddu yn ddieithriad. Mam a merch oedd y ddwy y soniais amdanynt yn gynharach. Yn sownd yn y beudy roedd cwt i gadw celfi'n gyffredinol; beics, y ferfa, rhawiau, priciau a dwy lantern ar hoel, y naill i oleuo'r beudy a'r llall i nôl trenglan o wair o'r das neu siwrnai o ddŵr o'r afon ar gyfer y gwartheg.

Yn ogystal â charthu'r beudy, defnyddid y ferfa i gario gwymon i'r ardd a chregyn mân i'r ieir a'r hwyaid er mwyn caledu plisgyn eu hwyau. Mewn cwt arall cedwid gwair yn un gongl ac yno hefyd y cartrefai'r llo bach. Un o'm dyletswyddau ychwanegol fyddai llithio'r llo. Rhown fy mys yn ei geg, gwthio ei ben i'r bwced ac fe sugnai ar ei union felly. Wrth i'r llo dyfu a chryfhau, fodd bynnag, dechreuai bwnio'n wyllt a methais â dal y bwced rhag troi fwy nag unwaith. Ni soniwn 'run gair pan ddigwyddai hynny. Fi a gawsai dafod er mai ar y llo roedd y bai. Wedi i'r llo fynd yn rhy fawr imi i'w drin, taid roddai lith iddo wedyn.

Tipyn o hwyl fyddai gollwng y llo allan ar ôl ei ddyfnu. Gan iddo fod yn gaeth mewn lle go dywyll neidiai a phranciai a rhedeg groes-ymgroes ar hyd y cae. Ond er yr ymddangosai fel pebai'n falch o gael profi'r awyr iach, unwaith y dechreuai nosi, fe'i gwelid yn ymyl y beudy yn barod i fynd i'w gwt.

Injian stêm a'r cwch sinc

Mewn pennod flaenorol soniais amdanaf fy hun yn mynd i weld injian ddyrnu am y tro cyntaf. Bu sŵn dyrnu yn gyfareddol imi er pan oeddwn yn ieuanc iawn. O glywed y chwyrnu o ffermydd cyfagos rhedwn yno'n syth i wrando ar y sŵn yn nes, i wylio'r beltiau'n troi, y mwg du yn codi o'r corn mawr ac edmygu'r dynion wrth eu gwaith, pawb a'i orchwyl arbennig ei hun. Gwaith un gwas, er enghraifft, oedd rhoi glo yng nghrombil yr injian a chario dŵr o'r afon i'w disychedu. Roedd hwnnw'n waith caled gan fod yn rhaid cyflenwi'r glo a'r dŵr yn aml iawn i greu digon o stêm.

Cyn bo hir cymerais yn fy mhen i geisio gwneud model o injian stêm yn dyrnu. Broc môr oedd peth o'r deunydd, sef planc tuag ugain troedfedd o hyd a dwy o led, casgen ddeugain galwyn a rhaff. Offer ychwanegol oedd hen feic i taid wedi ei droi a'i din am ei ben, darn o beipen a gwifren. Fe'i caf braidd yn gymhleth i geisio disgrifio'r 'ddyfais' yn fanwl ar bapur, ond yn fras yr hyn a wneuthum oedd rhoi'r gasgen yn sownd ar un pen i'r planc a'r beic ar y pen arall. Tynnu'r olwyn flaen a'i gosod yn ddi-deiar ar ochr y gasgen a'i chyplysu â rhaff – yn felt fel petai – i'r olwyn ôl ar y beic. Wrth badlo â llaw fe droai'r ddwy olwyn. Rhoddais y beipen yn gorn o'r gasgen ac wrth losgi gwair o'i mewn fe ddoi mwg du allan o'r corn. Cafodd fy ffrindiau a minnau lawer o hwyl yn chwarae dyrnu felly. 'Mae'r hogia ma yn siŵr o roi'r das wair ar dân. Dyna fydd ei diwedd hi gewch chi weld,' meddai taid, gan fy nwrdio hefyd am hudo plant y pentre' acw i weld yr injian. Yn ffodus iawn nid aeth y das wair ar dân.

Pan euthum ati i wneud cwch bu hynny yn fwy ymarferol. Y defnyddiau oedd tri darn o sinc a thipyn o goed i'w dal wrth ei gilydd. Ni allwn feddwl am enw amgenach na 'Sinc' i'w roi arno ac fe'i paentiais yn wyn ar ei starn. Roedd o'n dal dŵr fel potel ac roedd lle i ddau ynddo yn ddigon cyfforddus, os cyfforddus hefyd! Mentrwn ynddo i bysgota lledod gyda'r lan. O orwedd ar fy mol ar ei waelod ac edrych dros ei ben blaen gallwn weld y lledod mawr a ddeuai i'r lan ar y llanw yn swatio yn y tywod.

Yn declyn i'w dal roedd gennyf hen hidlan fawr a ddefnyddid gynt i hidlo llaeth enwyn, dau dwll yn ei hochr, rhwyd ysgafn drostynt i ffurfio hosan a'r cwbl yn sownd wrth goes brws llawr. Pan welwn leden ceisiwn roi'r hidlan drosti a phan lwyddwn âi hithau drwy un o'r tyllau ac i mewn i'r hosan. Rhyw un o bob pump, neu lai na hynny, a ddaliwn. Yn amlach na pheidio gwelai'r lleden y cylch pren yn dod amdani oddi uchod a dianc yn sydyn o'r ffordd.

Bu'r cwch sinc yn hwylus iawn hefyd i ddal shrimps. Gwelaf mai'r enw Cymraeg arnynt yw perdys ond rhaid i mi gyfaddef na chlywais erioed ddefnyddio'r enw hwnnw arnynt. Roeddynt yn ddigon hawdd i'w dal, dim ond mynd at y creigiau a rhoi rhwyd o dan y gwymon. Ychydig o blant a fu gyda mi yn y cwch sinc. Roedd eu mamau wedi eu siarsio rhag y perygl a welaf i ddim bai arnynt a dweud y gwir!

Ymwelwyr

Fel y dywedais eisoes yr oedd gan taid a nain wyth o blant, a minnau wedyn yn atodiad bach fel petai. Erbyn i mi gyrraedd, roedd fy ewyrthod a'm modrybedd wedi dechrau gweithio, yn forynion a gweision ffermydd, gan fwyaf. Nid oedd fawr o ddewis arall ym Môn ar y pryd.

Roedd rhai o'r plant wedi priodi hefyd, fel fy modryb Grace yn Llandsadwrn. Deuai hi a'i gŵr a'u dau blentyn acw yn bur aml, ar nos Sul fel rheol. Roedd ganddynt Forus 8. Mynd ar eu hunion i eglwys Llangwyfan i ddechrau a chael swper efo taid a nain a minnau wedyn. Dilyn y Morus 8 ar ein beics a wnâi taid a minnau o'r eglwys ac wrth eu gweld yn diflannu draw o'n golwg bûm yn dyheu lawer gwaith am gael bod yn eu 'sgidiau. Aeth blynyddoedd heibio cyn gwireddu'r freuddwyd. Ond pan ddeuthum yn ŵr cefais innau Forus 8 hefyd!

Gartref yn hwylio swper yr oedd nain. Erbyn i'r chwech ohonom gyrraedd byddai'r lliain gwyn ar fwrdd yr ystafell ffrynt, lamp Aladdin, a roddai well golau na'r lamp wig arferol, ynghyn ar y canol, y cyllill a'r ffyrc a'r llwyau wedi eu gosod, a minnau wedi cael gorchymyn i ostwng fy llais. Dyna'r drefn pan ddeuai pobl ddieithr.

Ond beth am y swper? Dyma fwydlen ddigon nodweddiadol: Tun corn biff mawr, Libby's bob amser, tatws trwy'u crwyn, tomatos, brechdan o dorth dan badell a menyn cartre' arni, bara brith o'r becws yn y 'Berffro, a llond dysgl bridd o bwdin reis. Yn dâl am fod yn hogyn da cawn innau y rhan helaethaf o'r croen. 'Fyddai nain byth yn gwneud pwdin ond pwdin reis.

Ar ôl clirio'r bwrdd fe adewid y llestri tan y bore er mwyn cael amser i siarad ac i wrando ar y gramaffon. Er fod y weiarles wedi cyrraedd erbyn hynny parheid i wrando ar rai hen ffefrynnau ar y gramaffon ac weithiau byddai gennym record newydd o'r siop yn Llangefni. Fi oedd y weindiwr.

Wedi sgwrsio rhagor am hwn a hwn a hon a hon, a taid a nain yn rhamantu am yr hen amser, buan iawn y deuai'n bryd ffarwelio. Ond er y dechreuid hwylio tua deg byddai'r cyd-swperwyr yn ddigon hirymarhous i gychwyn. Golygai'r hwylio lenwi dwy botel ddŵr poeth o'r tecell mawr haearn ar y pentan er mwyn i'r merched eu cael ar eu gliniau o dan y blanced yn sedd ôl y car. Doedd dim gwres yn y Morus 8. Canu corn, chwifio dwylo a tha-ta tan tro nesaf.

Deuai modryb arall adref o Langefni a'i ffrind efo hi, gan amlaf. Naw milltir o daith efo beic haf a gaeaf. Cawsai'r ddwy bnawn rhydd o'u gwaith unwaith bob pythefnos. Ar ôl te a hel straeon treuliai'r merched weddill y dydd yn eistedd ar lan y môr yn yr haf. Cychwynnent yn ôl am Langefni tua hanner awr wedi naw ar ôl swper. Tua'r un adeg y cychwynnent yn y gaeaf hefyd yng ngolau lamp garbeid ar ben blaen y ddau feic. Cyn dyddiau'r lampau batri, dyna'r drefn: dadsgriwio ac agor y lamp yn ei hanner, rhoi tipyn o garbeid yn y cwpan, gollwng diferyn neu ddau o ddŵr iddo i greu nwy, a thanio. Rhoddai'r fflam yn y byrnar eithaf golau o'i gymharu â'r hen lampau olew a ddefnyddid cynt, ond ddim hanner cystal, wrth gwrs, â'r lampau batri diweddarach os oedd yn y rheini fatri gweddol newydd.

Ar wahân i ymwelwyr o fysg y teulu a ffrindiau, deuai cymeriadau eraill heibio ar eu tro. Roedd llawer iawn o grwydriaid yn galw i werthu rhywbeth neu'i gilydd o'u blychau bach pren. Edafedd trwsio 'sanau, edau wnïo, lastig, nodwyddau, botymau – dyna'r pethau mwyaf cyffredin am wn i. 'Tramp Mawr' y gelwid un o'r crwydriaid am reswm amlwg ddigon. 'Washi Bach' o ochrau Wrecsam oedd un arall. Fel Joni y cyfeiriai ef ato'i hun ond Washi Bach oedd o i bawb arall. Nid am ei fod yn fychan ond am mai felly y cyfarchai bawb.

Roedd ar nain ofn crwydriaid. Ni wn pam. Pan welai un yn dod i lawr y lôn, rhuthrai i chwilio am het a ffon a'u gosod mewn lle amlwg ar ganol y bwrdd gyferbyn â'r drws. Siarad â hi ei hun wedyn, a hynny'n uchel, fel byddai'r crwydryn yn nesàu. Diben hyn, wrth gwrs, oedd rhoi'r argraff fod yna ddyn dieithr yn y tŷ. Ond wedyn, ni freuddwydiai am beidio â rhoi i'r crwydriaid dafelli o fara menyn a byddai'n sicr o brynu rhywbeth o'r blwch hefyd.

Mynediad i'r gwersyll

Doedd gwersyll Tŷ Croes, a adeiladwyd ar ddechrau'r rhyfel, ddim ymhell o'n tŷ ni. Roedd i'r gwersyll ei eglwys ei hun, banc, NAAFI, sef Navy, Army, Air Force Institute, lle i siopa a bwyta – YMCA i'r dynion, YWCA i'r merched, ysbyty, tai pictiwrs mawr, mawr, ystafelloedd ymgynnull i'r swyddogion, rhai eraill i'r rhingylliaid a degau o gytiau i'r milwyr cyffredin. Gyda channoedd o bobl o'r tu allan yn gweithio yno hefyd ymdebygai'r gwersyll i dref boblog, brysur.

Ar hyd y glannau safai dwsin o ynnau mawr a'r rheini'n tanio bron drwy'r dydd bob dydd ond ar y Sul. Rhyw saith wythnos yr arhosai'r milwyr yno i ddysgu trin y gynnau. Ymadawent ar ddydd Gwener a deuai cannoedd yn eu lle ar ddydd Sul, yn gorymdeithio o orsaf Tŷ Croes mesul setiau o ugain. Aeth hyn rhagddo am bum mlynedd.

Amgylchynid y gwersyll â gwifren bigog ac eithrio ar ochr y môr. Doedd dim croeso i ddieithriaid, wrth reswm. Yn ffodus, fodd bynnag, am fod Eric yn fab Llangwyfan Isaf a'r gwersyll ar dir y fferm, cafodd ef, a minnau yn ei gysgod, docyn mynediad i'r gwersyll – dim ond ei ddangos i'r gwarchodwr wrth y porth.

Bu hynny'n fendith fawr; cael mynd i'r pictiwrs bob nos pe dymunem ac i gyngherddau ENSA – Entertainment National Service Association – bob nos Wener a phrynu chips a Vimto pan oedd gennym arian. Fe'n hadwaenid yn iawn gan yr heddlu militaraidd a gadwai wyliadwriaeth ar y lle. Pan fyddem yn cadw reiat a wardio tu ôl i'r cytiau ac ati fe glywais yr ymadrodd, 'Its those bloody kids again' fwy nag unwaith.

Roedd plant y pentref yn eiddigeddus iawn ohonom, debyg iawn, a theimlem ninnau yn dipyn o fois. Ei diwedd hi fu mynd yn ormod o fois, yn rhy glyfar. Yn hytrach na mynd i ddangos ein tocynnau wrth y porth dyma gynllwynio rhyw nos Sadwrn, o ran hwyl, i dorri twll yn y wifren efo pinsiars mawr trwyn parot o'r fferm a mynd i mewn i'r gwersyll y ffordd honno. Fe weithiodd hynny am droeon lawer ond yn y man, o'n gweld yn rheolaidd yn y gwersyll ac heb ein gweld wrth y porth, fe sylweddolodd rhywun fod rhywbeth o'i le. Un noson roedd dau aelod o'r heddlu militaraidd o bobtu'r twll yn ein disgwyl. Gafaelwyd yn ein gwegil ac i mewn â ni. Buom yno, yn ddau bach crynedig sobr, o hanner awr wedi chwech tan ddeg.

Trannoeth daeth swyddog tair seren i Langwyfan i adrodd yr hanes a buan iawn wedyn y daeth y stori am yr hogiau'n gaeth dan glo i glustiau nain. Bu tafodi cythreulig yn y ddau gartref, ond yn ffodus wedi hir eiriol, gan fam Eric rwy'n meddwl, fe gawsom ein tocynnau yn ôl. Does dim rhaid ychwanegu inni ddysgu'r wers. Cawsem ein dau groeso arbennig yn ystafell ymgynnull y swyddogion gan fod rhai ohonynt yn cael menyn cartre' a wyau o Langwyfan. Byddwn innau yn canu iddynt ambell noson hefyd, ac i'r milwyr yn gyffredinol yn fy nhro. Y ffefryn oedd 'With someone like you, a pal good and true', a chan fod yno gynifer o Wyddelod bron bob amser, 'When Irish Eyes Are Smiling' hefyd, wrth gwrs. Ni wyddwn ond rhyw bedair cân ar y mwyaf ond efo'r mynd a dwad mor aml ymhlith y milwyr fe wnâi'r pedair y tro yn iawn, fel mae'r un bregeth yn gwneud i bregethwr cynorthwyol o Sul i Sul.

Llenni cochion

Tanio at dargedau o sidan coch, rhyw bedair llath o hyd a phum troedfedd o led, uwchben y môr a wnâi'r gynnau mawr. Am wyth o'r gloch bob bore cyrhaeddai awyren fach o Lanbedr, Meirionnydd a dau ddyn ynddi, y naill yn beilot a'r llall yn gollwng y targed i'r awyr o ddrws yn yr ochr. Yn yr awyr, yn llawn gwynt, ymddangosai'r targed fel llawes hir; yn wir, 'sleeve' y'i gelwid gan y milwyr. Fe'i gollyngid bob amser uwchben y tir ac roedd rheswm da am hynny. Rhyw unwaith o bob deg fe dorrai'r wifren a syrthiai'r targed i'r ddaear. Mewn dim o dro byddai milwyr mewn Jeep yn rhuthro i'w gyrchu.

Pan ddechreuid tanio byddai'r targed rhyw hanner milltir tu ôl i'r awyren uwchben y môr a pharhâi'r ymarfer am ddwyawr nes canai seiren uchel yn y gwersyll. Tawelai'r gynnau bryd hynny, deuai'r awyren i lawr yn isel, isel a gollwng y targed ar y cae cyn troi'n ôl am Lanbedr. Arferai'r peilot siglo'r awyren o ochr i ochr cyn mynd, fel pe i ddweud 'Diolch' a 'Da bo'ch chi'.

Saethid llawer o dargedau i lawr i'r môr, yn naturiol, ac fe'u golchid i'r lan ac ar y creigiau. O ganlyniad llenni cochion oedd i bron bob tŷ yn 'Berffro a'r cyffiniau. Roedd popeth yn goch yn tŷ nain; y llenni, y soffa, y clustogau a gorchuddion y gwelyau. Doedd dim defnyddiau eraill i'w cael yn amser rhyfel hob gwponau i'w prynu. Rhyw unwaith y mis byddai ymarferion byrion liw nos gyda thargedau gwynion a chwiloleuadau o'r ddaear arnynt. Pan ddeuai un o'r rheini ar y creigiau – dyna fargen fawr. Sidan gwyn.

Rhyw fore Gwener ar wyliau ysgol, roeddwn i wedi mynd i weld Huw Fflag. Roedd gan Huw gwt ar y creigiau a'i waith yn y fan honno oedd codi baner i rybuddio llongau a chychod fod y saethu ar ddechrau a'u gwahardd rhag dod yn agos. Un clên, hoffus iawn oedd Huw. Cawn groeso i'w gwt bob amser a phaned o de a bisged sunsur. Un o'r 'Berffro ydoedd. Fel Huw Nel yr adwaenid ef i ddechrau. Aeth wedyn yn Huw Gatws ac yn Huw Fflag pan gafodd y swydd o ofalu am y faner.

Dyna lle roeddem ni'n sgwrsio y bore Gwener hwnnw pan ddaeth awyren a'i tharged tyllog o'i hôl yn isel iawn dros ein pennau. Cododd y peilot ei law arnom a throi eilwaith am y môr. Dychwelodd toc, yn gyflym, gyflym, yn is na'r tro cyntaf hyd yn oed, ac unioni am y gynnau fel pe'n mynd i ymosod arnynt. Fe wneid hynny weithiau o ran hwyl. Y tro hwn, fodd bynnag, bachodd cynffon yr awyren ym maril un o'r gynnau, troes fel top yn yr awyr a hyrddio ar ei phen i'r môr ger Ynys Meibion. Ni welwyd byth mohoni wedyn na'r ddau oedd ynddi. Tawelodd y saethu y pnawn hwnnw a thrwy'r dydd trannoeth. Peidiodd y rhyfygu am sbel hefyd wedi i'r chwarae droi mor chwerw. Daeth deifwyr o Gaergybi i chwilio'r môr, ond methwyd â gweld dim yn ôl y sôn. Roedd y cerrynt cryf rhwng yr ynys a'r lan wedi ysgubo'r awyren ymhell i'r môr.

Mae gennyf gof hefyd am un o'r awyrennau a

dynnai darged yn syrthio i'r traeth mewn rhyw lathen o ddŵr a cherddodd y ddau ddyn ohoni i'r lan yn gwbl ddianaf. Euthum i'w gweld ar ôl dod adref o'r ysgol a chael cyfle i fusnesu tu mewn iddi i weld sut y gollyngid y targed ac ati.

Y 'Kyle Prince'

Ar un diwrnod bob rhyw chwech wythnos, ac am y bore yn unig, deuai Queen Bee heibio o faes awyr Bodorgan. Doedd dim peilot i hon. Fe'i rheolid â radio. Yr un oedd y drefn o ymarfer saethu ond fod y targed yn llawer nes i'r Queen Bee, yn wir o fewn rhyw ganllath iddi, a saethid llawer mwy o dargedau i'r môr. Gwelais bedair neu bump Queen Bee hefyd wedi eu saethu i'r llawr. Damweiniau y gelwid hynny.

Tua hanner dydd rhyw ddiwrnod roeddwn wrth y ffynnon yng Nghae Bonc, newydd godi siwrnai o ddŵr pan ddaeth Queen Bee o gyfeiriad y môr yn isel, isel ac yn amlwg yn ddi-reolaeth. Bachodd ei holwynion mewn brwyn tal yn y gors gerllaw, aeth ar ei thrwyn i'r ddaear ond nid ymddangosai fawr gwaeth. Roedd yno ddau filwr mewn ychydig funudau, a chyn bo hir daeth rhyw ugain arall i godi'r Queen Bee o fysg y brwyn a'i chario i gae agored lle tynnwyd ei hadenydd i ffwrdd. Fore trannoeth fe'i llwythwyd ar lori, hi a'i hadenydd, a'i chludo i Fodorgan, mae'n siŵr.

Fe fuom ni'n ffodus iawn yn Nhŷ Cwyfan y diwrnod hwnnw. Doedd dim ond rhyw hanner canllath rhwng y Queen Bee a'r tŷ pan âi heibio. Daeth taid o hyd i olwyn ôl un o'r awyrennau hyn ar lan y môr unwaith ac fe'i gosodwyd ar y ferfa yn lle'r un bren wreiddiol. Daeth llond berfa o wymon a gro yn llawer iawn ysgafnach wedyn.

Roedd maes awyr Bodorgan yn un o dri ar Ynys Môn. Y ddau arall oedd Mona a'r Fali. Amheuaf a oedd llawer o bobl, yn enwedig o'r tu allan i'r ynys, yn gwybod am fodolaeth maes Bodorgan, ond roedd yn ganolfan i ugeiniau o Wellingtons, awyrennau cario bomiau, wedi eu cuddio gan y goedwig a rhwyd guddliw drostynt. Roedd hi'n anodd iawn eu gweld o'r lôn ac yn anos fyth o'r awyr, mae'n siŵr. Ar ôl iddi ddechrau t'wyllu fe glywid eu grŵn yn gadael fesul rhyw dair neu bedair ac yn dychwelyd wedyn tua phedwar o'r gloch y bore.

Yn ogystal â gweld awyrennau'n syrthio gwelais hefyd long wedi ei hyrddio ar y creigiau mewn storm enbyd liw nos. Roedd bywydfad Caergybi wedi achub y criw o wyth, ond bwriodd y tonnau ben blaen y llong ar y creigiau. Dyna lle'r oedd hi – ei bow ar dir sych a'i starn yn y dŵr. Roedd yn ddigon hawdd dringo iddi, meddan nhw, ond wneuthum i ddim mentro, dim ond gwylio eraill yn crafangio ar hyd ei hochr. Bu yno am wythnosau cyn i storm fawr arall ei rhyddhau. Os craffwch pan fo'n drai mae i'w gweld hyd heddiw fel rhyw rimyn hir o graig o dan y dŵr.

Ei henw oedd Kyle Prince. Roeddwn i'n siarad â hen longwr dros ei bedwar ugain yn gymharol ddiweddar ac wrth grybwyll rhywbeth am ddyddiau'r rhyfel dywedodd fod cannoedd o longau wedi eu suddo gan y gelyn ym Môr Iwerddon. Pan soniais innau am y Kyle Prince daeth gwên i'w wyneb. Yr oedd ef, pan oedd yn llanc, wedi bod yn gweithio i'r cwmni ac enwodd res o longau yn dwyn yr enw Kyle – Kyle Osmond, Kyle Spray ac ati.

Mae hwlc llong arall, y Mary Belle, hefyd heb fod nepell. Daeth hon i'r lan yn ystod y Rhyfel Byd Cyntaf. 'Porth yr Hen Long' y gelwir y porth lle mae'n gorwedd. Codwyd llawer ohoni i dir sych efo craen mawr ar y graig. Roedd y craen yn dal yno pan fûm heibio ddiwethaf rhyw ugain mlynedd yn ôl, wedi dal y stormydd i gyd. Clywais ddweud fod cloch y Mary Belle gan rhywun yn y 'Berffro ond ni wn faint o wir sydd yn hynny.

Y lleifiad

Af yn ôl i'r ysgol heddiw. Collwn yr ysgol yn aml fel y dywedais eisoes, ond hyd yn oed pan awn yno, roeddwn yn debycach i was bach nag i ddisgybl yn aml. Pan gnociai'r prifathro ar y ffenestr gyferbyn â Thŷ'r Ysgol gan amneidio a chodi ei fys arnaf, gwyddwn fod rhyw orchwyl neu'i gilydd yn fy nisgwyl. Mynd i siop y cigydd, er enghraifft, neu lenwi'r ddau bot pridd wrth y drws â dŵr glân o'r pwmp yn y pentref.

Unwaith yr wythnos byddai eisiau gwacàu a chladdu cynnwys bwcedi'r tai bach. Agorid traen rhyw bum llath o hyd a dwy droedfedd o led yng ngardd Tŷ'r Ysgol ac i honno yr arllwyswn y carthion, taflu tipyn o bridd trostynt a golchi'r bwcedi yn lân cyn eu rhoi yn ôl yn y tai bach. Pan fyddai'r draen bron â llenwi agorid un arall wrth ei hochr. Gwaith hogiau mawr Dosbarth Chwech oedd ymlafnio efo'r gaib a'r rhaw. Doedd dim disgwyl i mi wneud hynny.

Y bechgyn hynaf fyddai'n palu'r ardd i'r prifathro hefyd – unwaith yn y gaeaf a thrachefn yn y gwanwyn cyn plannu tatws, a nhw fyddai'n chwynnu'r llwybrau o gwmpas Tŷ'r Ysgol. Cedwid yr offer, y rhawiau a'r ffyrch ac ati, yn yr ystafell lle cadwem ni ein dillad.

Cawsem hanner peint o lefrith i'w yfed bob bore yn yr ysgol. Torrwn fy nghwpan byth a hefyd wrth ei chario yn ôl a blaen, a chan fod cwpanau mor brin ar adeg rhyfel penderfynais wneud un o dun ffrwythau a sodro clust wrtho efo haearn sodro perthynol i f'ewythr. Roedd y plant eraill eisiau un wedyn, wrth gwrs, a threuliais aml gyda'r nos yn troi tuniau yn gwpanau.

Pethau eraill y cefais bleser yn eu gwneud oedd glanhawyr bwrdd du efo blociau o bren, darnau o hen drowsus melfared ar ôl taid, a thipyn o wlân defaid wedi ei loffa oddi ar y caeau. Gwnawn rhyw bedwar, efallai, ar y tro. Buan iawn yr âi'r melfared yn dwll ond roedd gan nain ddigonedd o ddefnydd. Cadwai bob hen drowsus mewn basged wiail a'r botymau oddi arnynt mewn potiau jam. Yr adeg honno roedd gan bob gwas fferm glwt ar ben-glin ei drowsus. Pe trwsid y trowsus heddiw ar ei ben-ôl y byddai'r clwt does dim dwywaith!

Oherwydd fod marc coch mor aml wrth fy enw ar y cofrestr galwai'r dyn hel plant i'r ysgol acw i weld nain bob rhyw fis neu ddau. Un o Fodedern oedd o. Roedd ganddo Awstin Saith glas a handlen bres arno i'w danio. Gwisgai siwt dywyll, coler bigyn a phin yn ei dei. Roedd ganddo ddau ddant aur hefyd. Ogleuai ef o bersawr pan oedd oglau tail yn fwy cyffredin ar ddillad dynion.

Y lleifiad y gelwid ef gan rai, plismon plant gan eraill, ond fel 'lady's man' y cyfeiriai nain ato. Ond beth wyddwn i a olygai hynny?

Roedd ar holl blant y gymdogaeth ei ofn ac nid eithriad mohonof finnau pan ddeuai acw a dechrau holi. Rhoddai nain de a dau bisyn o dorth frith iddo. Cawsai ddwsin o wyau dandi a dwsin o wyau hwyaid hefyd, pob un wedi ei lapio ar wahân mewn papur newydd, a chawsai bwys o fenyn cartre' yn ogystal.

Fe roddai hi rywbeth i bawb a alwai yn Nhŷ Cwyfan, ond sylwais lawer gwaith fod y plismon plant yn cael mwy na'r cyffredin. Dyna pam y galwai mor aml, mae'n siŵr. Mi wyddai o'r gorau na fedrwn i gerdded bron i dair milltir i'r ysgol pan oedd hi'n arllwys y glaw.

Siopa

O'r becws yn y 'Berffro y cawsem ein bara. Down â hwy efo mi ar fy ffordd adref o'r ysgol ddwywaith yr wythnos ac yr oeddynt yn dipyn o bwn i'w cario yr holl ffordd ar draws y caeau; dwy dorth dan badell, dwy dorth dun, torth Hovis a thorth frith. Ymorolai'r pobydd ei fod yn rhoi imi fara â chrasiad da arnynt.

Fi a gyrchai'r cig hefyd; spam o siop y post ar nos Fawrth a chig dafad o siop y cigydd ar nos Wener. Edrychwn ymlaen yn arw am swper nos Fawrth. Efo'r spam cawsem datws o'r ardd, nionyn wedi ei ffrio a llaeth enwyn yn syth o'r corddwr i'w hel nhw i lawr.

Er y golygai ddwy siwrnai o gerdded yr un diwrnod, awn yn ôl i'r pentref efo fy modryb bob nos Wener i wneud y neges wythnosol. Gwaith difyr oedd mynd rownd y siopau, a difyrrach fyth oedd cael pisyn tair ceiniog i'w wario gan hon ac arall. Y siop chips, fodd bynnag, oedd yr atyniad pennaf un. Roedd yna saith siop a dwy siop chips yn y 'Berffro bryd hynny. Ar ôl cario'r bagiau i dŷ ffrind i'm modryb yr awn am y chips. Cawn werth grôt bob amser mewn un siop ac yn aml iawn werth dwy geiniog wedi hynny yn y siop arall yn Stryd Bangor. Cwt sinc oedd y siop honno. Ar noson o farrug byddai'r ager yn diferu'n berlau i lawr y pared. Hen gwpwl annwyl a hwyliog, os hen hefyd, oedd y perchenogion. Canlyn dyrnwr y byddai ef yn ystod y dydd a helpu'r wraig i blicio'r tatws a ffrio'r

Tua dwyflwydd a hanner ar draeth Cwyfan.

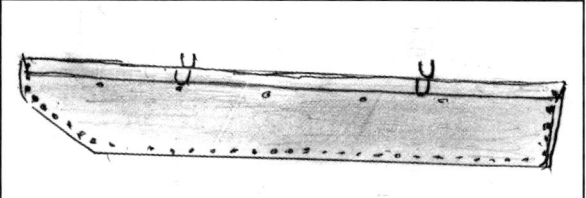

Y cwch sinc

*Y beic a droes yn 'foto'.
Sonnir amdano hyd
heddiw gan y to hŷn yn
y 'Berffro.*

49

Traeth Aberffraw, lle'r awn yn aml i bysgota.

Church Street, Aberffraw yn y 1930au. Defnyddid ffrâm neu gylch i gadw'r piseri yn wastad wrth gario dŵr.

Tŷ Cwyfan, yr hen gartref.

Efo Anti Harriet yn troi gwair.

Gladys, fy mam, a minnau

Anti Harriet ar ei ffordd i'r eglwys.

Yr hen gardotyn, Washi Bach.

Sant Cwyfan, "Yr Eglwys yn y Môr", lle bu Taid yn glochydd.

Mam ar y gribin 'lwynion.

Y dyrfa pan agorwyd pont newydd Aberffraw yn y 1930au.

*Gweithwyr Syr George Meyrick ar stad Bodorgan
ar droad yr ugeinfed ganrif.*

Syrcas ar ei ffordd i dwyn Aberffraw.

Odyddion Bodedern gyda Band Llannerch-y-medd, tua 1910.

Y Fordson Bach a ddaeth i ddisodli'r ceffylau ar ôl y rhyfel.

Sgwar Aberffraw erstalwm. Ar y chwith mae Siop Fain,
a siop William Jones teiliwr a'r capel Wesla yn y cefndir.

chips gyda'r nos. Dim ond chips oedd i'w cael. Doedd dim pysgodyn a phys ar y fwydlen. I gael y rheini byddai'n rhaid mynd i Fangor. Roedd yr hen wraig yn werth ei gweld yn gwneud bagiau chips o bapur newydd. Ni ddeuai 'run diferyn o finegr trwyddynt.

Ar nos Wener yn y pentre, tra byddai fy modryb gyda'i ffrindiau, cawn gyfle hefyd i chwarae yn y tywyllwch efo'r hogiau. Doedd dim golau allan mewn lle'n y byd; roedd hi'n oes y blacowt. Gwelais lawer gwaith ddyn yn dod ar wib ar gefn beic ac yn chwythu pib i rybuddio fod awyrennau'r Almaen yn rhywle uwchben. Ym mhen spel deuai heibio eilwaith, yn canu cloch y tro hwn, ac yn gweiddi fod y perygl drosodd.

Ar draws yr hanner awr wedi naw y byddai fy modryb a minnau yn troi am adref dan bwys y bageidiau trymion o neges, yn cynnwys sebon a phowdrau golchi a photeli Corona ac ati, yn ogystal â'n dogn o fwyd efo'r cwponau. I ysgafnhau'r beichiau hyn y deuwn â'r cig ar fy ffordd o'r ysgol. Ar ôl y chips ni fyddai arnaf eisiau bwyd wedi cyrraedd adref, wrth gwrs. Cawn gwpanaid o Ovaltine poeth cyn mynd i glwydo.

Diwrnod rhydd braf oedd y Sadwrn. Dim ysgol, dim eglwys, dim byd ond pysgota yn y cwch neu oddi ar y creigiau a phicio ar fy meic yma ac acw gyda'r nos.

Er ei fod yn gyfnod o brinder, llwyddai nain i gael rhywbeth gwahanol i'w fwyta bob pryd bron. Ond roeddem ni'n ffodus, wrth gwrs. Roedd gennym fenyn cartre' ac yn medru lladd mochyn. Ac os byddai iâr a'i chrib wedi llwydo ac wedi stopio dodwy ar ei phen i'r sosban yr âi honno, a nionyn yn gwmpeini iddi, chwedl nain. Rhostid yr iâr wedyn yn y poptŷ bach wrth ochr y tân.

Ambell dro byddai swyddogion o'r gwersyll yn dod a darn o gig neu dun o gorn biff acw yn gyfnewid am wyau a menyn – er nad oedd hynny'n gyfreithlon, wrth gwrs.

Yn ogystal â'r pethau hyn gallasem bob amser ddal cwningen neu ddwy. A dweud y gwir roedd hi'n llawndra arnom ni yn Nhŷ Cwyfan o gymharu â phobl yn byw mewn tai moel.

Ond o sôn am fenyn cartre', fodd bynnag, deuai dyddiau corddi heibio yn rhy aml o lawer gen i. Ddwywaith yr wythnos cyn cychwyn i'r ysgol cawn y gorchymyn: 'Dim plant o'r pentref yma heno. Mae'r llefrith yn y potia yn barod i'w gorddi'. Roedd yn gas gen i'r gwaith yn enwedig yn oerni'r gaeaf pan fyddai rhaid troi a throi am awr, am ddwy efallai, cyn i'r llefrith dorri. I brysuro pethau gwelais roi dŵr poeth mewn potel aliwminiwm yn y fuddai a dal i droi am spel wedyn. Yr un botel, gyda llaw, fyddai gan nain yn cynhesu'r gwely, wedi rhoi hosan amdani rhag iddi losgi ei thraed.

Ar ôl corddi gadewid y menyn yn y noe â lliain drosto tan y bore a'i drin wedyn â'r hyn a elwid yn gwpan denau, ond a oedd mewn gwirionedd yn debycach i soser – un bren – i gael y llaeth ohono. Wedyn ychwanegid yr halen. Pwysid y menyn yn bwysi a haneri ac roedd i bob fferm a thyddyn eu printan eu hunain i'w rhoi arno. Llun alarch oedd ar brintan nain. Ceid hefyd lun buwch neu lun ysgall, dyweder, a phan ddygai gwragedd y ffermydd eu menyn i'r farchnad cyn y rhyfel medrai'r cwsmeriaid wahaniaethu rhyngddynt. Roedd rhai yn halltach na'i gilydd ac yn cadw'n well. Un math o fenyn na fedrwn ei ddioddef oedd menyn pot. Roedd hwn wedi ei ddodi mewn pot pridd fesul tipyn a chredaf y rhoddid solpitar neu rywbeth ynddo i beri iddo gadw trwy'r gaeaf. Roedd yn gas gen i ei oglau heb sôn am ei flas.

Carcharorion rhyfel

Ar gwr y maes awyr nid nepell o Walchmai yr oedd gwersyll carcharorion rhyfel. Erbyn hynny roedd llawer o'r gweision ffermydd wedi ymuno â'r Lluoedd Arfog a dibynnid llawer ar y carcharorion hyn i gymryd eu lle.

Gorfodai'r Llywodraeth i'r ffermwyr blannu hyn a hyn o datws neu haidd neu wenith neu beth bynnag y bo, yn unol â maint y fferm. O fynd o le i le parhâi'r cynhaeaf tatws am ryw ddeufis i'r carcharorion ac roedd yn waith caled yn plygu i hel tatws y naill ddydd ar ôl y llall. Doedd o fawr o les i'r cefn.

Dod i'r ffermydd i ddyrnu a wnâi'r mwyafrif yn ardal y 'Berffro. 'Fûm i erioed yn gweithio efo nhw gan fy mod yn rhy ieuanc ond rwy'n eu cofio'n cyrraedd mewn lorïau ben bore. Bûm yn eu gwylio wrth eu gwaith hefyd ac yn ceisio cael sgwrs â rhai er mai prin oedd eu Saesneg – fel finnau. Rhyw un o bob deg a fedrai dipyn o Saesneg. Gwisgent ddillad brown â rhyw bump o glytiau mawr gwyrdd yma ac acw arnynt – neu fel arall, dillad gwyrdd a chlytiau brown. O dan bob clwt yr oedd twll crwn, fel na fyddai fawr o ddiben iddynt dynnu'r clytiau i geisio dianc.

Arferai rhyw ychydig ohonynt gysgu ar y ffermydd fel gweision cyffredin ac arhosodd ambell un ar ôl ym Môn wedi i'r rhyfel ddod i ben. Rwy'n adnabod dau.

Roedd y carcharorion, lawer ohonynt, yn fedrus

iawn eu dwylo, yn gwneud modrwyau a blychau sigarennau ac ati o hen sosbenni a darnau o awyrennau neu unrhyw fetal y medrent gael gafael arno. Mae llawer o'r pethau yn parhau'n drysorau gan bobl yn yr ardal.

Bu digwyddiad digon doniol – neu anffodus efallai – ar un o'r ffermydd lle roedd carcharor wedi dod yn dipyn o lawiach ag un o'r gweision ac wedi addo gwneud blwch sigarennau iddo, un yn agor yn ei ganol a lastig ar draws y ddwy ochr tu mewn rhag i'r sigarennau wasgaru'n blith-drafflith wrth ei agor.

Roedd y blwch yn barod – ond doedd dim lastig i'w gael. Perswadiodd y gwas yr Almaenwr i ofyn i'r forwyn am ddarn bach o lastig pan welai hi yn bwydo'r ieir. Yn anffodus, ni fedrai'r carcharor ddweud y gair 'lastig' yn debyg i ddim ac felly dysgodd y gwas ef i ddweud 'nicyr' a pheri iddo gymryd arno ddangos fod ganddo rhywbeth yn ymestyn a chwtogi rhwng ei ddwylo. A dyna a wnaeth. A dweud y gwir, doedd y neges ddim yn glir iawn ac fe gamddeallodd y forwyn! Gollyngodd y bwced fwyd ieir yn y fan a'r lle a'i g'leuo hi nerth traed am y tŷ.

Yr hyrddwynt

Soniais eisoes fel y byddwn yn mynd i'r pentref efo fy modryb ar nosweithiau Gwener. Wedi mynd ychydig yn hŷn, ond yn dal yn yr ysgol, awn yno fy hunan efo beic ar gyda'r nosau eraill. O flaen un o'r siopau chips, Siop Ric, a werthai nwyddau eraill hefyd, y byddem ni'r hogiau yn ymgynnull. Pan fyddai gennym arian fe brynem fagiad o chips a photel o Vimto.

Roedd y siop yn agored tan tuag un ar ddeg o'r gloch y nos. Wedi iddi fynd yn hwyr, a Ric yn hwylio i gau, cawsem fynd i mewn i eistedd gan ymuno â rhai dynion mewn oed a droesai i mewn ar ôl i'r tafarnau gau am naw.

Cymeriad annwyl a doniol a ffraeth oedd Richard, Ric ar lafar, a phencampwr am adrodd stori, yn enwedig stori bwgan. Ambell noson byddai yno lond y lle, pawb yn gwrando'n gegrwth arno, yn arbennig felly rhyw gybiau fel fi o'r tair ar ddeg i un ar bymtheg oed.

Rhyw nos Sadwrn, spel wedi un ar ddeg, adroddai Ric stori tu hwnt o gynhyrfus. Cofiaf y noson fel pebai'n neithiwr ddiwethaf, ac mae rheswm da am hynny fel y cewch weld. Fi, fel y digwyddai, oedd yr unig un o'r criw a chanddo dipyn o daith i fynd adref. Rhai o'r pentref oedd y gweddill i gyd.

Pan orffennodd Ric ei stori arswyd aeth y dynion a minnau allan, ond doedd dim symud ar yr hogiau mwyaf i dywyllwch y nos. Roedd rhai ohonynt yn crio gan ofn. Ceisiai Ric eu pwnio yn eu cefnau at y drws fel pebai'n hel defaid i gorlan, ond doedd dim yn tycio. Y diwedd fu cael i'r dynion addo eu danfon nhw adref. Chwerthin ei hochr hi a wnâi Ric, wedi ei blesio yn fawr gan effaith ei stori ac o weld yr hogiau mawr a oedd yn geg i gyd cynt, bellach yn eu dagrau.

Ni bu arnaf erioed ofn yn y nos. Roeddwn wedi hen arfer â bod allan yn hwyr ar fy mhen fy hun. Ond y noson honno fe deimlwn innau ychydig bach yn nerfus mae'n rhaid imi gydnabod, fel pebawn yn ymwybodol fod rhywbeth annisgwyl ar ddigwydd.

Roedd gennyf ddewis o ddwy ffordd i fynd adref, naill ai taith o dair milltir heibio i wersyll y milwyr gan agor pedair giât, neu fynd i fyny'r lôn am ryw filltir a thorri wedyn ar draws y traeth, heibio i'r eglwys yn y môr, ac agor dwy giât. Dewisais groesi'r traeth.

Roedd gennyf lamp dynamo newydd ar y beic a chawn olau fel dydd wrth reidio. Wrth gerdded doedd dim golau o gwbl, wrth gwrs, gan nad oedd y dynamo yn troi'n ddigon cyflym, a cherdded oedd raid am bwt o'r traeth y noson honno oherwydd ei bod yn llanw a dim tywod caled i reidio arno.

Yn y dyddiau hynny arferai'r ffermwyr daflu sbwriel mewn un llecyn ar y creigiau. Awn yno'n bur aml, a dweud y gwir, i dryforio ymysg y pethau a chawn weithiau afael ar rywbeth o werth, neu o werth i mi, o leiaf, i fynd adref.

Pan oeddwn wedi cerdded rhyw ganllath ar hyd y traeth y noson honno, a hithau bellach yn tynnu am hanner nos, clywais rhyw sŵn tebyg i drên heb fod nepell oddi wrthyf; sŵn gwydr yn malu'n deilchion wedyn, a sŵn metal yn drybedian yn erbyn y creigiau. Bu bron imi â llewygu. Teimlais ias oer yn crafangio ar hyd fy asgwrn cefn a saethodd fy ngwallt i fyny'n syth ar fy ngwegil. Rhuthrais a baglais ar hyd y traeth gorau medrwn nes cyrraedd y wifren a oedd ar derfyn tŷ ni. Teflais y beic i'r naill du a rowlio'n bêl dros y wifren. Roeddwn yn dyhefod pan gyrhaeddais y tŷ. Disgwyliai nain amdanaf. Roedd yn hen gyfarwydd â'm gweld yn dychwelyd yn hwyr, ond nid yn y cyflwr hwnnw, bid siŵr.

Methwn yn lân â chysgu. Addewais i mi fy hun drosodd a throsodd nad arhoswn allan tan berfeddion byth eto. Yn wir, bûm yn meddwl am beidio â mynd i'r pentref byth wedyn!

Yng ngolau dydd trannoeth cafwyd eglurhad ar y sŵn. Fore Sul, roedd criw o filwyr yn edrych dros y traeth pan welsant rhywbeth a ddisgrifiasant fel 'pibell o fwg du' yn dod i lawr o'r awyr a hwnnw'n codi'r gwymon a darnau o froc môr a photeli a thuniau o'r creigiau ac yn sugno'r dŵr o'r pyllau. Hyrddwynt – tornado – oedd o. Yr oedd hwn o fewn canllath i'r llecyn lle dychrynwyd fi mor ofnadwy gan dornado tebyg y noson cynt. Yn ôl rhai o'r milwyr y bûm yn siarad â hwy gallaswn fod wedi fy lladd cyn hawsed â dim.

Wedi'r eglurhad mae arnaf ofn mai ymdroi yn y pentref tan berfeddion fu fy hanes wedyn hefyd. Mae'n anodd tynnu cast o hen geffyl.

Llysiau a physgod

Roedd taid yn arddwr da. Roedd yna ddwy ardd helaeth yn perthyn i Dŷ Cwyfan ac ymhyfrydai taid yn y cynnyrch a gawsai ohonynt bob blwyddyn, tatws, gan fwyaf, ffa, slots a rhyw res fach o rwdins. Dim ond er hwylustod o fod mewn cyrraedd y tyfid y rwdins. Roedd y rheini i'w cael am ddim o'r ffermydd yn yr oes honno.

Plannai taid gefn mawr o slots. Codi'r pridd o glwt rhyw wyth llath o hyd wrth ddwylath o led i ddechrau, cario gwymon a thail iddo, rhoi'r pridd yn ôl, ei galedu a phlannu'r slots yn rhesi union. Gwrtaith da yw gwymon. Ceid crop gwerth i'w weld.

Byddem yn bwyta slots drwy'r haf, wrth gwrs, ond byddai digon ar ôl i'w gwerthu ddechrau'r gaeaf. Cerddai pobl o'r 'Berffro acw i'w nôl. Roedd hen gred fod yn rhaid eu plannu ar y dydd byrraf. Pwysai taid y slots ar glorian fach mewn cwt yn yr ardd a byddai ganddo bob amser gyflenwad o fagiau papur wedi eu hel yn barod.

Roedd acw riwbob da hefyd – deg gwreiddyn o rai coch a dau wreiddyn o rai gwyrdd yn rhes ar hyd pen clawdd yr ardd. Cedwid pob diferyn o ddŵr golchi mewn dau dwb a'i gario mewn bwcedi i fwydo'r riwbob. Wrth wneud y gorchwyl hwnnw byddwn weithiau yn cuddio dan y dail ran hwyl a nain yn methu dyfalu ble 'roeddwn – neu'n cymryd arni felly, beth bynnag.

Gwnâi nain doreth o jam riwbob, a rhoi darn o sunsur ynddo wrth ei ferwi. Brechdan jam riwbob a chreision ŷd oedd fy mrecwast gan amlaf, ond gwnâi nain ddigon o jam i'w rannu fesul potyn i'r teulu a'r sawl a alwai heibio ar sgawt.

I amrywio'r fwydlen, bendith fyddai cael ambell bysgodyn. Roedd bod allan yn y cwch – cwch arall bellach, nid yr un sinc – yn bleser pur imi. Roedd llecynnau da i bysgota rhyw ddwy filltir yn y môr ac amrywiaeth o bysgod i'w dal yno: cŵn môr a lledod, cathod môr a physgod gwyn. Gwyddem yn iawn ble roedd y llecynnau gorau, wrth gwrs, ac roedd gennym ein cyfeirbwyntiau i ddod o hyd iddynt, yn dai a thai gwair ac ati ar y lan. Rhyw ganllath o'r lan daliem bolocs drwy lusgo dwy lein tu ôl i'r cwch gydag abwyd rwber coch neu wyrdd ar y bachau. Yn y fan honno roedd modd cael sgwrs ddifyr gyda phobl a gerddai dros y creigiau. Ar wahân i ddal pysgod gwelwn lawer o ryfeddodau hefyd; gwylanod, er enghraifft, yn heidio ar ôl pysgod bychain ac yn mentro'n achlysurol i daclo macrell. Gweld llamhidyddion, yn enwedig ar dywydd terfysg, yn dilyn ei gilydd yn un rhes. Cyfrifais tua hanner cant ohonynt unwaith rhyw filltir o'r lan. Hanner hynny, a llai o lawer hefyd, a welid fynychaf yn teithio o gyfeiriad Enlli am Gaergybi ac yn eu holau wedyn o fewn deuddydd neu dri. Allan yn y cwch byddwn weithiau o fewn rhyw ganllath iddynt, yn gwrando arnynt yn gwichian ac yn gweld yn eglur eu cefnau duon yn codi o'r dŵr. Doedd arnaf ddim llawer llai na'u hofn a dweud y gwir er i hen longwr ddweud wrthyf eu bod yn newid eu cwrs pan fyddai cwch ar eu llwybr.

Awn allan yn y cwch bob cyfle a gawn. Hynny, neu bysgota am gimychiaid a chrancod a shrimps oddi ar y creigiau neu hel gwichiaid a llygaid meheryn. Roedd angen morthwyl i hel llygaid meheryn. Wrth roi slap sydyn i'r gragen y llwyddid i'w cael yn rhydd oddi ar y graig. Fe wnaent bryd blasus. Berwai nain hwy mewn bwced am ryw hanner awr a sypyn o ddail poethion i'w canlyn. Dyna'r ffordd i gael y pysgod o'u cregyn. Eu golchi wedyn i gael gwared â'r tywod a'u rhoi mewn tun rhostio; ychwanegu pupur a halen, torri pedwar wy i ddysgl, eu cymysgu â menyn a llefrith a thywallt yr hylif am ben y pysgod. Awr o ferwi, a dyna bryd bendigedig efo bara-menyn a llaeth enwyn.

Deuai mecryll weithiau i hafnau bychain yn y creigiau ym Mhorth Hen Long a byddai pawb yn siŵr o fachu rhyw hanner dwsin ohonynt. Ond pan ddeuai'r mecryll deuai'r gwylanod hefyd yn bla. Hen adar powld yw gwylanod. Er hynny, roedd gweld y gwylanod mawr, neu'r mulfrain llwydion fel y'u gelwir weithiau, yn plymio ar eu pennau i'r dŵr yn brofiad cynhyrfus. Fe'u gwelid yn haid o ryw naw neu ddeg efo'i gilydd. Ehedent yn uchel, uchel ac yna bwrw eu hunain fel dartiau yn syth i'r môr. Gallesech feddwl y buasent yn malu pob asgwrn yn eu cyrff.

Broc môr

Crwydrwn lawer ar hyd y traeth yn hel broc. Yn gymysg â'r darnau coed a llawer o 'nialwch cawn weithiau rhywbeth gwerth chweil fel casgen olew, dyweder, neu duniau o faco i taid i'w gymysgu, hanner yn hanner, â siag, ond y fargen orau un fyddai darganfod blociau mawr sgwâr o rwber a gwifren gref amdanynt. Pan ddeuwn o hyd i rai o'r rheini rhoddwn ddwy lythyren a dau rif arnynt – côd a gawswn o Gaergybi – a mynd i chwilio am un o wylwyr y glannau na fyddai un amser ymhell o gyrraedd. Galwai hwnnw rywun yng Nghaergybi i ddod i gasglu'r blociau a chawn innau yn y man rai punnoedd amdanynt.

Rhywbryd yn ystod y rhyfel daeth pentyrrau o blanciau gwerthfawr i'r lan gerllaw'r 'Berffro o long goed a suddwyd gan dorpedo ym Môr Iwerddon. Bu cryn reibio am y planciau, yn naturiol, a phan ddaeth hynny i glyw gwylwyr y glannau fe gosbwyd rhai ffermwyr yn yr ardal am fod yn rhy farus a chelu iddynt gario'r coed adref a'u cuddio. Roeddwn innau, a dweud y gwir, wedi cario nifer go dda o'r planciau i'r cae wrth y lan yn Nhŷ Cwyfan ond ni chosbwyd mohonof, na bygwth fy nghosbi, am imi eu gadael yn y golwg, meddai'r awdurdodau. Tair punt a gefais gan taid amdanynt cyn iddo eu symud tu ôl i'r beudy i sychu.

Bûm yn diolch droeon na welais erioed gorff dynol wedi dod i'r lan. Gallasai hynny fod wedi digwydd yn hawdd. Rhyw fore Sul pan oeddwn yn pysgota oddi ar y graig sylwais ar rywbeth mawr allan yn y môr ac yn dynesu'n araf. Ym mhen rhyw ddwyawr gallwn weld mai rhyw fath o gwch ydoedd. Llithrodd i'r traeth cyn bo hir fel pebai rhywun yn ei lywio. Ond nid oedd neb arno. Roedd yn gwch od, ei ochrau yn syth a thanciau metal a rhaffau'n ddolennau o'i amgylch. Tu mewn roedd poteleidiau o ddŵr a degau o duniau bisgedi. Math o fad achub, mae'n amlwg. Aeth gair ar led fod y cwch i'w gael yn rhad ac am ddim i'r sawl a'i cliriai o'r traeth. Ewythr imi a'i cafodd, a chyda chymorth ffrindiau o'r pentref i'w gario o lan y môr ac i guro polion i'r ddaear wedi hynny fe wnaeth dŷ gwair ohono. Roedd taid wrth ei fodd. Ni fyddai angen toi'r das mwyach a cheid digon o le i roi coed tân dan do. Mi fu'r mochyn yn ffodus hefyd. I hwnnw yr aeth y bisgedi a oedd cyn galeted â cherrig.

Un fantais o fyw yn agos i'r traeth oedd fod digon o goed tân yn dod i'r lan. Roedd yn dda eu cael er fod rhai mathau yn clecian yn y grât a gwreichion yn neidio ohonynt i'r llawr. Nid achosai hynny ddim trafferth yn y gegin bach gan mai llawr teils oedd arni, heb fat ar ei chyfyl. Roedd yna garped, un hen iawn, mae'n wir, yn yr ystafell fyw a thân glo a geid fynychaf fan honno rhag ofn cael twll yn y carped. Arferai nain gadw gweddillion te mewn bwced a chaead arni a'i luchio â'i llaw dros y carped ar ddiwrnod glanhau. Ei frwsio i'r canol wedyn a'i daflu i'r ardd. Hwnnw oedd y siampŵ. Rhoddid y matiau bach allan dros y lein ddillad a chawn innau eu curo â phastwn nes byddai'r llwch yn tasgu ohonynt.

Clystyrau esgyrn

Taid, fel y cofiwch efallai, oedd clochydd dwy eglwys Sant Cwyfan. Naturiol, felly, oedd i minnau fynd yn brentis iddo. Pan fyddai gwasanaeth yn yr eglwys yn y môr golygai gario organ fechan a chloch yno ar draws y traeth. Cedwid yr organ yn y tŷ, yn tŷ ni, a'r gloch a'i ffram bren mewn cwt.

Ar ryw nos Wener ganol gaeaf, y môr yn berwi'n drochion gan aruthredd y gwynt a bron iawn, iawn a chyrraedd drws cefn Tŷ Cwyfan aethpwyd i Langwyfan Isaf i ddweud wrth taid fod y tonnau wedi bylchu'r mur cerrig o gwmpas yr eglwys. Euthum yno gydag ef i weld y difrod. Roedd y bwlch tua deg troedfedd ar hugain o hyd. Roedd esgyrn o'r fynwent yn glystyrau ar y creigiau a gorchmynnwyd fi i fynd adref i nôl bwndel o sachau o'r gist yn y beudy.

Daliwn i geg y bagiau'n agored a llenwai taid hwy ag esgyrn breichiau, esgyrn coesau a phenglogau gwynion, glân. Rwy'n cofio fy hun yn hel dannedd yn gymysg â chregyn a taid yn dweud: 'Waeth iti befo rheina. Mi ofalith Dafydd Jôs am fanion fel'na!'

Pan dawelodd y storm daeth seiri cerrig yno ar fyrder i ddechrau ail-godi'r mur rhag ofn y deuai storm fawr arall gan ysgubo'r eglwys i'w chanlyn. Mae olion yr ail-adeiladu i'w weld heddiw, drigain mlynedd yn ddiweddarach, gan fod y cerrig yn oleuach. Claddwyd pob un o'r esgyrn yn barchus wrth sawdl y mur.

Yn yr oed yr oeddwn ynddo ar y pryd nid âi'r gorchwyl o lenwi'r sachau at fy ystyriaeth rhyw lawer. Wrth edrych yn ôl ymhen rhai blynyddoedd y dechreuais arswydo a meddwl sut bobl oedd y rhain tybed. Tlawd? Cyfoethog? Hen ynteu ieuanc? Dyna un peth od y sylwyd arno; nid oedd esgyrn yr un plentyn yn eu plith. Ond yr oedd yno lawer iawn o esgyrn – digon yn wir i beri i ddyn roi coel i'r hen gred y deuai seintiau yno i weddïo ac i'w claddu, megis ar Enlli.

Rwyf wedi croesi i'r ynys mewn cwch ugeiniau lawer o weithiau a cherdded yno pan fyddai'n drai. Enillais dipyn go lew o bres poced hefyd o dro i dro yn cyrchu pobl ddieithr a aethai yno ar droed am brynhawn, gorwedd yn yr haul a'r tawelwch heb fargeinio fod y môr yn cau amdanynt. Cawn goron weithiau, swllt dro arall a dim ond 'Diolch' hefyd yn bur aml. Prynais unwaith feic newydd – Vindec o garej Joni – efo'r arian a enillais.

Y bwch a'r geifr

Bu gennyf ddiddordeb er erioed mewn anifeiliaid. Roeddwn yn meddwl y byd o'r ddwy fuwch ddu, a chefais unwaith oen llywaeth i'w fagu ar yr amod y byddwn yn rhoi llaeth iddo nos a bore. Ymorolai nain fod potelaid o laeth yn barod ar y pentan cyn imi fynd i'r ysgol a phan ddychwelwn amser te.

Yn flwydd oed roedd yr oen wedi tyfu'n ddafad fawr, foethus ac yn ei gwaith yn rhedeg ar hyd pen y clawdd a cheisio torri trwodd at y defaid yng Nghae Terfyn. Dwrdiai taid ei bod yn malu'r clawdd, a'r diwedd fu ei chodi dros y wifren at y defaid eraill. Ymddangosai'n ddigon hapus fan honno liw dydd ond cyn gynted ag y dechreuai nosi rhedai yn ôl a blaen, yn brefu am gael dychwelyd. Ond bodloni efo'r gweddill fu raid iddi. Awn drwy Gae Terfyn ar fy ffordd i'r ysgol a chawn ei chwmpeini yn ôl a blaen bob dydd nes iddi gael dau oen ei hunan. Anghofiodd fi wedyn a rhoi ei holl sylw i'r rheini. Magai ddau oen yn ddi-feth bob blwyddyn.

Yn ogystal â'r oen, fe gefais afr hefyd ar ôl hir swnian. Âi taid a minnau ar ein beics i Lanfaelog ryw noson. Roedd ganddo fo bwyllgor yno, ac i ladd amser i aros amdano euthum innau i grwydro o gwmpas y pentref. Mewn llain fach perthynol i Dŷ'r Ysgol ar fin y ffordd yr oedd pump o eifr a dau fwch. Eisteddais ar y clawdd am hydion i'w gwylio.

Ni soniais air amdanynt wrth taid y noson honno, ond ymhen wythnos dychwelais ar fy meic i Lanfaelog ac i Dŷ'r Ysgol i holi tybed a oedd un o'r geifr ar werth. Sais oedd y dyn, un digon clên. Aeth â mi i'r llain i weld y geifr. A dyma'r telerau: punt am afr, deg swllt ar hugain am fwch.

Adref wrth y bwrdd swper rhyw noson wedyn cefais ddigon o blwc i ofyn i taid a gawn i brynu gafr. Doedd ef na nain ddim yn or-hoff o'r syniad er fod taid yn cydnabod, yn ôl yr hen gred, fod gollwng gafr yn rhydd ymysg y buchod yn peri iddynt roi rhagor o laeth – a llaeth o well safon hefyd. Ar sail hynny, boed wir neu beidio, y cytunwyd imi gael gafr.

Ar nos Fercher yr euthum i'w chyrchu adref. Cofiaf hynny oherwydd mai dyna'r noson yr âi taid i dorri gwellt y fynwent. Roedd ganddo bladur yn sownd yn asgwrn cefn ei feic a sach wedi ei rwymo am y llafn. Awn innau o'i ôl am ran o'r ffordd cyn troi yn y groesffordd am Lanfaelog. Darn o raff yn sownd yn y llyw oedd gen i i'w rhoi am wddf yr afr i'w th'wysu y pedair milltir adref.

Ond nid gafr a ddewisais, eithr y mwyaf o'r ddau fwch. Roeddwn wedi ffansïo ei ddau gorn enfawr o'r munud y gwelais ef gyntaf. Yn fuan ar ôl cychwyn ar fy nhaith cefais fod y bwch yn medru defnyddio'r cyrn hefyd pan ymosododd ar olwyn flaen y beic a malu pedair sbonsen. Fe'm corniai a'm pwnio a thaflu'r beic ar ei ochr yn barhaus. Bûm mewn cyfyng-gyngor p'run ai gwell fyddai mynd yn ôl a'i ffeirio am afr.

Dyfalbarhau a wneuthum. Ond pan oeddwn yn pasio tai Pen-lôn dyma fo'n rhuthro eilwaith am yr olwyn. Aeth ei gyrn yn sownd y tro hwn, a dyna lle'r oeddem ein tri ar lawr, y bwch, y beic a minnau, pan ddaeth John Jones, Henllys Groes i'r adwy i'n rhyddhau. Hen fachgen cyfeillgar ac annwyl iawn oedd John Jones. Roedd wedi colli un llygad wrth falu cerrig mewn chwarel. 'Aros di am funud,' meddai 'mi setla i Mistar Mostyn'. Rhyddhaodd y cyrn a rhoi pwt o raff o un i'r llall fel na fedrai'r bwch eu gwthio drwy'r sbôcs wedyn. Daeth i'n danfon beth o'r ffordd hefyd nes i'r bwch sufulo tipyn, wedi blino mae'n rhaid. Ym mhen hir a hwyr fe gyrhaeddais innau adref.

Roedd taid a nain ar hanner bwyta eu swper pan ddeuthum â'r bwch at y drws cefn i'w ddangos. Er syndod mawr imi roedd yn plesio'n iawn. Ni soniais am yr helbul wrth ei dywys ond fe gyrhaeddodd y stori i Dŷ Cwyfan cyn pen yr wythnos. Rhoes nain ddwsin o wyau, pwys o fenyn a phiseraid o laeth enwyn imi i fynd i John Jones i ddiolch iddo am ei drafferth.

Daeth Bili Bwch a minnau yn ffrindiau mawr er y daliai i dwlcio'n frwnt ar adegau. Roedd o'n drewi am y gwelech ef hefyd, wrth gwrs. Pan ddeuai pobl ddieithr neu aelodau o'r teulu heibio byddai'n rhaid imi ruthro i ymolchi a newid fy nillad.

Prynais afr yn ddiweddarach o'r un lle yn Llanfaelog, ond pan gafodd honno fynn bu'n rhaid imi wneud i ffwrdd â'r ddwy. Neidient a rhedent – fel geifr ar d'ranau, yn wir – ar do'r tŷ a mynnu cysgu wrth fôn y corn. Ond eu pechod pennaf oedd eu bod yn bwyta gormod o'r borfa a thrwy hynny yn amddifadu'r ddwy fuwch ddu o ddigon o fwyd.

Y glec

Cwt pren ar lan y môr, heb fod nepell o tŷ ni, oedd pencadlys lleol gwylwyr y glannau. Roedd wyth ohonynt, dynion o'r 'Berffro i gyd, yn cadw gwyliadwriaeth ar y traeth yn eu tro, dau yn y nos ac un yn y dydd. Roedd saith o'r wyth yn ddynion cryfion, heini er yn rhy hen i fynd i'r fyddin. Byddwn yn troi i mewn i'r cwt yn aml iawn fel y gwnawn i gwt Huw Fflag ar y creigiau. Roedd gan y gwylwyr lamp baraffin yno i gynhesu'r lle ac i wneud paned. Roedd yno deliffon, wrth gwrs, i rybuddio'r awdurdodau yng Nghaergybi pe gwelid rhywbeth amheus ar y môr ac roedd yno ddau wn a bwledi rhag ofn i Almaenwyr daro heibio, mae'n debyg. Yr atyniad pennaf i mi oedd yr ysbeinddrych y cawn gyfle i edrych trwyddo. Trwy hwnnw ymddangosai Ynys Enlli fel pe na bai ond tafliad carreg i ffwrdd.

Yn ystod y rhyfel, ac yn enwedig at ei diwedd, daeth amryw byd o belenni ffrwydrol – mines – i'r creigiau, rhai Almaenig a rhai Prydeinig wedi torri'n rhydd o rhywle. Cofiaf bump yn dod ar y creigiau yn ymyl tŷ ni.

Daeth un o'r rhai mwyaf efo'r llanw uchel rhyw fore gan lechu mewn hafn rhwng dwy graig. Doedd honno ddim mwy na phedwar canllath o'r tŷ. Bûm yn ei gweld – o hirbell, siŵr – ar ôl dod o'r ysgol. Fel rheol deuai milwyr ar fyrder at y pelenni i'w diffiwsio, os dyna'r gair, ond y tro hwn ni ddaeth neb ond plismon o'r 'Berffro i osod dwy faner goch ar y creigiau.

At gyda'r nos fe gododd y gwynt. Byddai'n benllanw am naw, meddai taid, ac roeddem braidd yn bryderus, yn naturiol, am fod y ffrwydryn mor agos i'r tŷ. Pan oeddem ar ganol swper – dyna glec enfawr nes oedd popeth o'n cwmpas yn crynu ac aeth pobman yn dywyll. Diffoddodd y lamp baraffin ar y bwrdd a'r gannwyll yn y tŷ llaeth a chlywem bethau'n drybedian ar y to. Pan fentrodd fy modryb allan i archwilio efo lamp beic yn y man canfu ddarnau mawr o graig ar do'r gegin ac yn ymyl y cwt mochyn yr oedd darn, rhyw ddwy droedfedd sgwâr, o'r mein ei hun, ond ei fod yn bob 'stumiau. Bu hwnnw wrth y drws cefn am flynyddoedd a ninnau wrth gyfeirio ato yn egluro mor ffodus y buom ni y noson honno. Pebai ffrwydryn felly yn dod ar y creigiau heddiw buasem ni a'r anifeiliaid wedi gorfod symud i rywle diogelach, mae'n siŵr.

Mordwyo

Rwyf wedi sôn yn gynharach am y ddau gwch a fu gennyf pan oeddwn yn hogyn – yr un sinc a'r un mwy confensiynol wedi hynny. Cychod rhwyfau oedd y rheini. Bûm yn ddigon ffodus i gael y profiad o drin cwch â pheiriant arno hefyd, ond nid fy nghwch i mohono. Roedd yn gwch newydd sbon a pherthynai i deulu o Saeson a ddaethai'n denantiaid i fferm gyfagos i osgoi'r bomiau yn un o ddinasoedd Lloegr. Gofynnwyd i mi a fuaswn yn fodlon gofalu am y cwch iddynt. Wel, doedd dim rhaid gofyn eilwaith, wrth gwrs.

Roedd chwech o blant yn y teulu ac er ieuenged oeddwn cawn fynd â hwy am dro yn y cwch ambell waith a rhoddai'r fam hanner coron o gildwrn imi.

Ar ddiwrnod braf gallem weld Enlli yn glir o Borth Cwyfan, a byddai dwy o'r genethod yn swnian byth a beunydd am imi fynd â hwy i'r ynys. Gohirio a gohirio a wnawn i, ond ryw bnawn Sul pan oedd gweddill y teulu wedi mynd i Langefni daethant dros fy mhen i, a chael y maen i'r wal. Pam lai, meddyliwn. Efo cwch â pheiriant fyddwn i fawr o dro! Margaret a Tiny oedd enwau'r genod, y naill yn bedair ar ddeg a'r llall yn ddeg. Daeth fy ffrind Eric efo ni.

Roedd y môr yn dawel braf pan gychwynasom tuag un o'r gloch efo digon o Gorona a chreision tatws yn y cwch. Codem ein dwylo ar bobl yn pysgota ar y creigiau ac mewn ambell gwch a ddeuai i'n cyfarfod. Buaswn wedi hoffi pysgota fy hunan gan fod pysgod nobl yn neidio o'r dŵr o'n cwmpas.

Ond roedd trwyn y cwch bellach yn syth am Enlli a'r genod ar ben eu digon yn adrodd straeon am ynysoedd a glywsant yn yr ysgol ac am blant yn mynd i fyw arnynt ac ati. Wedi morio am ryw ddwy awr a hanner rwy'n dyfalu heddiw ein bod gyferbyn â Phorthdinllaen, ond doeddwn i, bryd hynny, erioed wedi clywed sôn am y lle na sŵn y blociau'n gwichian.

Gwelwn gopa Mynydd Enlli a tharth gwyn o gwmpas yr ynys, a thoc dyma gorn yn canu. Corn niwl. Cafodd Eric a minnau drafodaeth na ddeallai'r genod mohoni, a'r penderfyniad fu troi trwyn y cwch am adref. Doedd y merched ddim yn hapus iawn – ond bu'r penderfyniad yn un doeth. Caeodd y niwl amdanom yn gyflym, ond daethom o'i afael wrth glosio at y tir. Buom yn meddwl am droi i mewn i Falltraeth rhag ofn iddo'n dal eilwaith, a meddwl drachefn am droi i'r 'Berffro ond yn ein blaenau y daethom a chyrraedd Porth Cwyfan yn ddiogel tua hanner awr wedi chwech. Wrth lwc, doedd neb wedi ffendio'n colli.

Ond beth fyddai wedi digwydd tybed pe na baem wedi troi'n ôl. Ym mhen blynyddoedd wedyn y clywais i am beryglon Swnt Enlli. 'Fum i erioed ar yr ynys, ac ar ôl y diwrnod hwnnw fu gen i ddim llawer o awydd i fynd yno 'chwaith.

Roeddwn wedi hen arfer mynd i'r 'Berffro efo fy nghwch fy hun. Gellid mynd i fyny afon Ffraw i gwr y pentref pan fyddai'n llanw. Un o'r atyniadau mawr i'm ffrindiau a minnau oedd cael hufen iâ yn siop

Willie Williams. Roedd hyn cyn bod sôn am drydan yn y 'Berffro. Deuai rhyw ddyn o Fangor i siop Willie ddwywaith yr wythnos i werthu rhew. Fe'i tywalltai i dwb mawr ar ganol y llawr ar gyfer Mrs Williams i wneud hufen iâ yn y tŷ. Rhyw ddwy geiniog a dimai oedd pris corned.

Fi fyddai'n talu tros y criw yn y cwch yn amlach na pheidio gydag arian a gawswn am gimychiaid. Teimlwn ar fy nghalon y dylwn roi rhyw drêt i'r hogiau. Ar y daith adref, ar ôl treulio awr neu ddwy yn y pentref, arferwn geisio dal pysgodyn i'w gael efo chips i swper. Un dda am chips oedd nain. Roedd ganddi sosban fawr haearn a rhwyll o'i mewn i'w ffrïo ar y tân glo. Âi pob math o saim i'r sosban, boed saim cig oen, eidion, mochyn, cyw iâr neu wningen yn ogystal â hynny o lard a geid am gwponau yn y siop. Y gymysgfa yn ddiau a roddai flas mor dda ar y chips. Ychwanegwch wy hwyaden neu ddau a thafelli o fara-menyn, a dyna swper gwerth ei gael.

Dechrau gweini a dyrnu

Gadewais yr ysgol yn 14 oed i fynd yn was bach i Langwyfan Isaf. Roedd yno bedair ar ddeg o fuchod i'w godro a'r forwyn fach a minnau fyddai wrthi. Roeddwn yn odrwr eithaf deheuig gan fy mod wedi hen arfer adref efo llaeth y ddwy fuwch ddu. Roeddwn wedi arfer corddi hefyd ond roedd y dull yn wahanol yn Llangwyfan Isaf. Roedd yno separetor i wahanu'r hufen a'r sgim. Y forwyn arall – y forwyn fawr, fel petai, er na chlywais neb erioed yn dweud hynny – hi a minnau fyddai'n troi'r separetor bob yn ail. Golygai rhyw awr o waith ac ni thalai i droi rywsut, rywsut chwaith. Roedd yn rhaid troi'n ddigon gwastad a chyflym i gadw cloch y separetor yn canu. Pan beidiai, roedd yn troi'n rhy araf, a golygai hynny fod yr hufen yn mynd trwodd i bwced y sgim. Golygai hefyd y cawn fy nhafodi gan y forwyn.

Pan ddaeth yn aeaf a'r gwartheg i mewn yn y nos, golygai gario gwair iddynt o'r das yn yr ardd ŷd tu ôl i'r beudy. Torrwn y gwair yn sgwariau cymesur, yn drenglenni, efo cyllell haearn fawr, cyllell wair wrth ei henw, nes byddai'r das yn gyfres o risiau tebyg i bonciau mewn chwarel. Roedd yno ddwy das, y naill yn ddi-do, heb ddim ond nithlen i gadw'r gwair yn sych, a'r llall wedi ei thoi â brwyn. Roedd y naill i barhau tan ddechrau'r flwyddyn a'r llall wedyn tan y gwanwyn. Taid a wnâi y teisi, a'u toi, yn ogystal â'r ddwy das ŷd yn yr ardd isaf. Defnyddiai frwyn bob amser i doi tas wair a gwellt i doi tas ŷd. Wn i ddim pam – ond dyna'r drefn.

Deuai'r dyrnwr heibio bob dechrau gaeaf. Un o'r teisi a ddyrnid bryd hynny i gael bwyd i'r anifeiliaid. Cedwid y llall tan y gwanwyn i gael ceirch i'w hau a bwyd i'r ieir a'r hwyaid.

Fy ngwaith i pan helpwn efo'r dyrnu fyddai torri 'sgubau fel eu bod yn rhydd i'w bwydo i grombil y dyrnwr, neu gario us. Torri 'sgubau oedd galetaf; doedd dim munud o seibiant i'w gael, ond roedd yn iachach nag yng nghanol llwch yr us.

'Llygod! Wel, dyna i chwi lygod yn haid ar ôl haid'. Felly roedd hi gynt yn Llanfair-y-Llin yn ôl y bardd. Ac felly roedd hi hefyd ym Modfeurig ar ddiwrnod dyrnu. Roedd y teisi ŷd yn berwi o lygod mawr. Rhag ofn iddynt ddianc rhoddid gwifren netin fân oddi amgylch y das, a dyna lle byddai'r cŵn ar binnau yn disgwyl i'r llygod ruthro allan. Lladdent ugeiniau. Byddai'r gweision yn lladd llawer hefyd, un ai â throed neu â phicwarch. Paratoid twll ymlaen llaw i gladdu'r llygod, a Joni'r gwas a minnau a gawsai'r gwaith o'u codi i'r ferfa efo fforch deilo a'u bwrw i'r twll. Gwelais gladdu wyth llond berfa 'run diwrnod. Roedd y llygod yn bla yn llofft yr ŷd hefyd. Gosodid trapiau cwningod i'w dal fan honno.

Y cinio oedd uchafbwynt pob diwrnod dyrnu, wrth gwrs. Cig eidion ar yr asgwrn a dau duniad mawr o datws yn y popty. Rwdins neu foron, neu'r ddau, yn llysiau a phentwr o dafelli o fara cartref yn barod ar ganol y bwrdd hir wedi ei sgwrio'n glaerwyn. Cawsai pawb roi menyn i'w blesio ei hun. Llond dwy ddysgl o bwdin reis, y byddai'n anodd gwneud chwarae teg â phawb a ddeisyfai'r croen, ac yna bowliad o de i orffen. Parhâi'r dyrnu am dair wythnos a phob rhyw dridiau fe newidiai'r fwydlen rhyw gymaint. Ceid cig dafad yn lle biff, efallai, a thatws berwi yn lle rhai rhost. Brechdan jam cartref fyddai'r pryd amser te tua hanner awr wedi pedwar cyn ymafael yn y dyrnu tan chwech.

Byddwn yn falch iawn o weld cyfnod y dyrnu drosodd er nad oedd cyfle i ddiogi dim wedyn chwaith! Roedd digon i'w wneud bob amser. Dilynai'r goruchwylion ei gilydd fel dydd yn dilyn nos: clirio'r siediau a theilo, cau cloddiau a weirio, hel cerrig, aredig a llyfnu a rowlio a hau, glanhau cynffonnau defaid, a dyna hi wedyn yn gynaeafau gwair ac ŷd ar drawiad, torri ysgall, codi tatws. Y mae'r rhes yn ddi-ddiwedd.

Ymhen ychydig flynyddoedd a minnau wedi colli taid a nain a bellach yn briod ac wedi mudo i fwthyn ynghlwm wrth y ffer, fe ddaeth newidiadau a ysgafnhaodd lawer iawn ar y gwaith. Gweddnewidiwyd cario gwair, er enghraifft, pan gafwyd cribin ar ben blaen y tractor i wthio'r gwair at ei gilydd yn deisi bychan bob rhyw ganllath ar hyd y cae a rhoi nithlen drostynt nes deuai'n ddiwrnod i'w gwneud yn fyrnau. O ystyried fel y mae pethau heddiw, peiriant digon anhylaw oedd yr hen felar cynnar. Roedd eisiau pedwar dyn i'w drin – dau ar un ochr i roi gwifren am y bwrn a dau yr ochr arall i godi gwair i'r peiriant. Gwneid tas ar y cae o'r byrnau a'u gadael yno dan nithlen am rhyw bythefnos cyn eu cario i'r tŷ gwair. Mae'n swnio'n ddigon trafferthus, ond roedd yn llawer iawn llai o laddfa na chario gwair dan yr hen drefn. Gwelliant syml iawn fu osgoi hel cerrig, sef rhoi rowlar arnynt a'u gwasgu'n ôl i'r ddaear.

Diwrnod cyffrous oedd hwnnw pan ddaeth dyrnwr medi – Massey Harris newydd sbon – i Fodfeurig. Daeth wedyn chwalwr tail a belar bach International ac amrywiol offer yn eu tro. Cedwid llai o wartheg tewion a defaid erbyn hyn, a rhoddid mwy o bwyslais ar lafurio'r tir. Treuliwn lawer iawn o'm dyddiau ar y tractor, o wyth tan bump yn aml, a dychwelyd i'r cae wedyn ar ôl swper ar adegau. Cofiaf fel y bu bri mawr ar dyfu haidd a'i werthu'n uniongyrchol i gwmni yn Lerpwl. Yn hwyr y dydd fe gyrhaeddai lori fawr i gyrchu'r haidd a byddai'n rhaid ei lwytho y noson honno gan fod y gyrrwr eisiau bod yn ôl yn Lerpwl cyn tri o'r gloch y bore. Byddai hynny yn fy lladd yn lân – llwytho rhyw ddeunaw tunnell mewn sachau cant a hanner ar ôl gweithio drwy'r dydd.

Gwaith caled hefyd oedd ail-hadu. Mesurai'r ddwy ffermy, Llangwyfan Isaf a Bodfeurig, tua phedwar cant a hanner o erwau efo'i gilydd. Mesurai'r mwyafrif o'r caeau tuag ugain erw ac fe ail-hedid un, onid dau ohonynt, bob blwyddyn. Yn anffodus, doedd y dull o wasgaru had gwair wedi newid dim ers tro byd. Parheid i ddefnyddio'r ferfa bren a'r bocs hir ar ei thraws. Gwaith llafurus oedd gwthio'r ferfa ar y sofl. Byddai dau wrthi, y naill yn ei dro yn gwthio'r ferfa a'r llall yn dal llinyn ac yn llusgo ei draed i wneud ôl yn y pridd i ddangos pa lwybr i'w gymryd ar y ffordd yn ôl. Cymerai o wyth y bore hyd dri y prynhawn i hau ugain acer.

Wedyn byddai eisiau rhoi og lincs dros y cae i

gladdu'r had a rowlio wedi hynny. Byddai'n naw o'r gloch arnom yn gorffen, ond roedd yn rhaid cwblhau'r cyfan 'run diwrnod rhag ofn iddi fwrw glaw a methu claddu'r had, o'r herwydd.

Gofynion y gwanwyn

Roedd Llangwyfan Isaf a Bodfeurig wedi eu cydio yn ei gilydd yn un fferm fawr. Yn ogystal â'r meistr a'r feistres yr oedd yno dri mab, tri gwas, y ddwy forwyn, a minnau'n was bach. Roedd Bodfeurig ei hun yn dri chant ac wyth o erwau ac yn y fan honno yr oedd mwyaf o waith o ddigon. Roedd adegau, o'r herwydd, pryd na welwn rhyw lawer ar y meibion a'r gweision eraill.

Byddai gennyf fi ddigon o waith yn Llangwyfan Isaf am y rhan helaethaf o'r flwyddyn. Ar wahân i borthi gwartheg a godro a chario dŵr roedd eisiau llithio a bwydo'r lloi, rhoi gwellt glân oddi tanynt, ac o dan y bustych. Llawer o fân-oruchwylion hefyd, wrth gwrs. Fel y gwnawn adref ac yn yr ysgol gynt, bu'n rhaid imi ymgymryd â charthu'r tŷ bach eto yn Llangwyfan Isaf; bwydwn datws i'r moch a thwtiwn lawer o gwmpas y tŷ, yn chwynnu'r llwybrau a thrin yr ardd.

Ond ar ôl troi'r gwartheg allan yn y gwanwyn byddai gennyf awr neu ddwy yn wag yn y prynhawniau. Bryd hynny fe'm hanfonid at y gweision eraill i deneuo rwdins a mangls, dyweder, cario gwair, wrth gwrs, neu dorri ysgall gyda'r cloddiau efo pladur. Cofiaf Gae Croes i gyd dan fangls unwaith, yr holl ddeunaw erw ohono. Gan i'r tywydd ddal yn ffafriol bu'r dynion yno am ddyddiau'n olynol ac ymunwn innau â hwy i benlinio yn fy rhes am ddwyawr ar ôl cinio. Gosodid fi wrth ochr yr hwsmon fel y medrai gadw llygad arnaf. Pan awn lathen neu ddwy ar ôl teneuai Rich. Williams dipyn ar fy rhes innau hefyd, chwarae teg iddo. Byddwn yn falch iawn o weld tri o'r gloch, amser mynd i nôl y buchod i'w godro, gan y teimlai fy mhengliniau yn anafus iawn erbyn hynny er fy mod wedi rhwymo sachau amdanynt. A dweud y gwir, doedd y gwaith ddim ffit i was bach.

Safai pedwar bwgan brain yng Nghae Croes yr haf hwnnw. At hynny, roedd un o'r gweision yn gorfod ei hel hi am y cae tua phump o'r gloch bob bore gan fod y brain yn gymaint o bla. Yn y bore bach y gwnaent fwyaf o ddifrod wrth godi'r planhigion i gael gafael ar rhyw gynrhon gwyrddion, tewion a lechai oddi tanynt. Gallai'r brain ddifetha clwt o hanner acer mewn dim o dro.

Roedd gan y gwas babell nithlen i gysgodi ynddi wrth y llidiart ac erfyn i danio caps i ddychryn y brain. Rhoddai hwn andros o glec. Gellid prynu caps am rhyw ddwy geiniog y dwsin a oedd yn llawer rhatach na thanio cetris mewn gwn, wrth gwrs. Parhâi hyn am rhyw chwe wythnos nes tyfai'r planhigion tua thair modfedd o'r ddaear.

Fel yr oedd cyflogau'n codi daeth rwdins a maip a mangls yn gnydau rhy golledus i'w tyfu. Hawlient lawer o lafur; aredig a thrin y tir, agor rhesi i hau yr had, a chwynnu a theneuo. Wedyn ar ôl iddynt dyfu roedd eisiau eu codi fesul un, torri'r gwreiddiau a'r dail i ffwrdd, eu cario'n cyrnen a'u gorchuddio â gwellt a brwyn rhag glaw a rhew. Tipyn yn drafferthus oedd eu malu'n borthiant hefyd efo'r injian oel a'r sgrapar a'u cymysgu â blawd i'w cario mewn basgedi pren i'r gwartheg.

Disodlwyd y cropiau hyn gan gêl nad oedd ond eisiau ei dorri â chryman a'i gario'n uniongyrchol i'r beudy.

Yn y man, fe werthwyd y gwartheg godro. Cefais innau ddysgu gyrru tractor, aredig tir glas a llyfnu. Roedd yn well gen i hynny na phorthi, ond allan yn yr oerni aml fore bûm yn dyheu lawer gwaith am wres y gwartheg yn y beudy!

Er fy mod yn cael gyrru tractor ar y fferm, yr oeddwn yn rhy ifanc i yrru car. Dyna'r adeg y cymerais yn fy mhen i roi to dros y beic i fod yn sych a chynnes mewn tywydd mawr. Y cynllun oedd powltio dau ddarn o bren cry' ar du blaen a thu ôl y beic a hoelio coed ysgafnach ar eu traws i ddal gorchudd o orcloth gwyrdd. Roedd fflap yn yr ochr i fynd dan yr orcloth a phisyn o berspecs llong-awyr yn ffenestr. Daliai ddŵr fel potel.

I bentref Bryn Du, rhyw bedair milltir i ffwrdd, y bu'r siwrnai gyntaf, ar nos Sul braf a hithau'n digwydd bod yn naw nos olau fel nad oedd angen lamp ar y beic i weld y ffordd, beth bynnag am gadw o fewn y gyfraith. Cefais fy mhlesio ar yr ochr orau yn y ddyfais. Doedd y 'babell symudol', fel petai, yn amharu dim ar gyflymdra'r beic na'i ymddygiad yn gyffredinol.

Un lle a basiwn ar fy nhaith oedd ceg lôn Rhosmor, ffermdy rhyw hanner milltir o'r ffordd fawr. Roedd Tom y gwas yn cysgu yn y llofft stabl yno. Âi i weld ei chwaer ym Mryn Du bob nos Sul, a'r noson honno roedd wedi cyrraedd y lôn fawr, yn cerdded pwt o allt, pan basiais ef i lawr y goriwaered.

Ni welodd Tom ei chwaer y noson honno. Roedd wedi dychryn cymaint fel y troes i Gongl Fawr, y tŷ cyntaf y daeth iddo, gan geisio egluro, a'i wynt yn ei ddwrn, i rywbeth rhyfedd ac ofnadwy fynd heibio iddo. Roedd yn siŵr nad oedd yn unrhyw fath o gerbyd ac ni allai gredu ei fod yn fwgan chwaith.

Ni bu'n hir cyn darganfod beth a'i dychrynodd. Pan euthum â'r beic i'r 'Berffro am y tro cyntaf, tyrrai plant a phobl i'w weld, ac aeth sôn amdano ar led i gylch eang. Cawsom ni'r plant lawer o hwyl yn ei farchogaeth trwy'r gaeaf, a gresynaf hyd heddiw na chefais lun ohono. Tynnwyd yr orcloth yn glir ddechrau haf ac ni ail-osodwyd y ffram byth wedyn.

Cwningod – a diffyg trydan

Yn y blynyddoedd hynny yr oedd cwningod yn bla yn sir Fôn megis mewn rhannau eraill o Gymru, yn difetha cropiau ceirch a haidd yn arbennig. Byddai rhyw ddwylath o'r cnydau o gwmpas y cloddiau yn diflannu bob tymor, a gwneid llanast' garw ar y borfa a'r cloddiau yn ogystal.

Ond nid pla mohonynt i bawb. Cefais i fy hunan lawer o bres poced o'u gwerthu, a bu eu cig yn gaffaeliad i lawer iawn o deuluoedd adeg y rhyfel. Cofiaf weithwyr yng ngwersyll y Fyddin yn cael helfa dda ar eu ffordd adref un noson. Roedd yna ffermwr yn torri ŷd mewn cae wrth y lôn ac fel y closiai at ganol y cae a chuddfa'r cwningod yn mynd yn fwy cyfyng, rhuthrent o'r ŷd wrth y dwsinau. Neidiodd y dynion hwythau oddi ar eu beics a llwyddo i ddal cwningen neu ddwy bob un i fynd adref. Ni welais y fath sgrialu yn unman erioed na chynt na chwedyn.

Roedd y potsiars wrthi'n gyson, wrth gwrs, yn gosod eu trapiau, a'u rhwydi a'u croglethi neu'n hela efo lamp a milgi. Gwnaent arian da mewn awr neu ddwy gefn nos. Ac roedd yna wningwyr swyddogol, rhai wedi bargeinio efo ffarmwr am yr hawl i ddal y cwningod ar ei dir. Roedd un o'r gweithwyr ym Modfeurig, Bob Clwt Bont, yn dal cwningod am bedwar mis o bob blwyddyn a chynorthwyo ar y fferm wedyn am y gweddill.

Pan ddaeth clwy'r myxomatosis i ladd y cwningod mor llwyr yn gynnar yn y pumdegau, fe gollodd llawer iawn o bobl eu bywoliaeth. Roedd y mwyafrif o'r ffermwyr yn falch o gael gwared â'r pla a ddifethai eu cnydau, ond yr oedd eraill, yn ddistaw bach, yn gweld colled ar ôl yr arian a gawsent am y cwningod. Buont yn gymorth i aml amaethwr i dalu'r rhent.

Un o anfanteision byw yn y wlad oedd diffyg trydan. Roedd llawer o ffermydd wedi ceisio melinau gwynt i gael golau, a'r cam nesaf fu prynu peiriannau i gynhyrchu digon o drydan i odro hefyd. Pan ddigwyddodd hynny daeth digonedd o felinau gwynt i'w cael yn ail-law. Felly y cefais i fy un i a'r batris perthynol iddi i storio'r pŵer ar gyfer dyddiau tawel, di-wynt.

Erbyn hyn yr oedd pedair set deledu yn y pentref. Deisyfwn innau un hefyd ond ni allwn ei fforddio. Gwelais mewn catalog fod modd cael pecyn i wneud set deledu am ddeunaw punt, ac fe geisiais un. Pan agorais y bocs a gweld y cant a mil o ddarnau bychain i'w sodro yn ei gilydd fy adwaith cyntaf oedd difaru f'enaid imi brynu'r fath beth.

Doedd y sodro ynddo'i hun ddim yn broblem er fod yn rhaid cael haearn sodro arbennig yn gweithio oddi ar fatri ac y costiai hwnnw saith bunt a chweugain. Y broblem fawr oedd dilyn y cyfarwyddiadau – y glaslun.

Mi fûm yn ffodus ryfeddol. Un gyda'r nos daeth swyddog o'r Fyddin at y tŷ, wedi gweld y felin wynt ac yn awyddus i wybod rhagor amdani. Wrth ddangos iddo yr offer yn y cwt, crybwyllais fod arnaf awydd ceisio gwneud set deledu, ac eto heb rhyw lawer o sêl i fynd ati. Fel mae'n digwydd, peiriannydd radar oedd y swyddog. Rhoes fi ar ben ffordd yn y fan a'r lle a galwai acw yn aml wedyn i gadw llygad arnaf. Cwblhawyd y gwaith o fewn mis a chofiaf mai'r llun cyntaf a gawsom oedd llun dwy ferch yn dawnsio balé. Deuai'r llun o Holme Moss ger Manceinion. O dipyn i beth deuthum yn ddigon hyddysg i fedru trwsio'r teledu pan chwythai rhyw falf neu y diffygiai rhyw swits.

Ar nosau Mercher tyrrai criw i tŷ ni i weld yr ymaflyd codwm. Diflannai'r llun weithiau ar hanner yr ornest, a dyna lle byddai pawb ar flaenau eu cadeiriau yn ei ddisgwyl yn ôl.

Pan ddaeth yr hwch ag un ar bymtheg o foch bach yr oedd gennyf ddigon o arian o'r diwedd i brynu set deledu newydd. 'Sobel' oedd ei gwneuthuriad. Ymddangosai ei sgrîn ddeuddeng modfedd yn enfawr o gymharu â'r hen un. Bu'n gweithio'n llwyddiannus ar y batris am flynyddoedd.

Yr efail

Maes o law daeth trydan i'r ardal yn gyffredinol. Trist ar un wedd oedd datgymalu'r felin wynt a gwneud i ffwrdd â'r batris a'r holl geriach. Ond roedd y trydan o'r grid yn gymaint hwylusach, wrth gwrs, a'i ddefnyddioldeb yn llawer ehangach. Byddaf yn meddwl yn aml beth a ddaeth o'r swyddog dwy seren hwnnw a fu'n ffrind mor dda ac yn hyfforddwr mor drylwyr imi. Roedd ef yn byw yn un o'r tai ar y gwersyll gyda'i wraig a'i ddau blentyn. Erys deg o'r tai yno o hyd yn gartrefi i bobl leol. Ond dyna'r cwbl sy'n aros. Mae'r cannoedd cytiau, yr ysbyty, yr eglwys, y sinema, y siopau – mae'r cyfan wedi diflannu. Cyrchfan rasus motobeics sydd yno heddiw. Pan af yn ôl i'r hen ardal fe'i caf yn anodd i amgyffred fod y caeau gweigion o'm blaen wedi bod unwaith megis tref boblog, brysur a daw hiraeth am y dyddiau dedwydd a dreuliais yn byw ar ei chwr.

Pan benderfynais roi'r gorau i fod yn was fferm bûm wedyn am gyfnod yn atgyweirio a chodi adeiladau ar hyd a lled y sir, nes daeth her newydd na fedrwn ei gwrthsefyll. Roedd gof y pentref yn ymddeol a chymerais innau yr efail ar rent.

Ni wyddwn ddim oll am waith gof, ond bûm yn ffodus ryfeddol unwaith eto i gael hyfforddwr medrus wrth law. Roedd yr hen of a oedd wedi ymddeol ers cryn ugain mlynedd yn dal i fyw ar fferm ar gwr y pentref, braidd yn fusgrell ei gerddediad erbyn hynny ond yn parhau mewn iechyd da. Hen lanc caredig oedd John Williams. Pan ofynnais iddo a fuasai'n ystyried fy rhoi ar ben ffordd yn yr efail daeth fflach i'w lygad a bywiogodd drwyddo. Roedd hyn ar nos Wener. 'Pryd y dechreuwn ni?' gofynnodd. 'Dydd Llun?' Eglurais iddo na chawn gyflenwad o lo hyd ganol yr wythnos, ond dod i'r efail ddydd Llun a wnaeth, p'run bynnag; cyrraedd tua deg wedi cerdded rhyw chwarter milltir wrth ei ddwy ffon. Cawsom sgwrs ddiddorol tra bûm i yn twtio o gwmpas y lle ac euthum ag ef adref yn y fen tua chanol dydd – wedi agor y ddau ddrws tu ôl a gadael i'w draed hongian drosodd. Y cwbl a ofynnai am fy nysgu oedd dwy owns yr wythnos o facio siag i'w gnoi.

Buom ein dau yn cydweithio am bum mlynedd heb erioed air croes rhyngom. Dysgodd fi sut i drafod haearn yn y tân a'i drin ar yr engan. Cefais innau fy nerbyn fel prentis gof gan Gyngor Gwlad Môn ac yn sgîl hynny cefais hyfforddiant yn rhad ac am ddim yn y grefft o weldio gan John Lewis Williams o'r Ffôr.

Pan oedd y gof a'm rhagflaenai wrth ei waith deuai merlen y car llefrith i'r efail i'w phedoli bob pythefnos, ond doeddwn i, ar y dechrau, ddim am fentro gwneud hynny. 'Pam?' meddai John Williams. 'Mi weithiwn ni trwy'n gilydd. Mi fydd popeth yn iawn.' Ac felly y bu.

Pan ddaeth y ferlen i'r efail roedd y pedolau yn barod. Y cyfan oedd ei angen oedd eu rhoi yn y tân a'u siapio a chodi'r clip ar y blaen. Estynnodd John Williams y pedolau a'r hoelion imi, ond teimlwn yn nerfus iawn rhag ofn imi fwrw hoelen i'r byw a chloffi'r ferlen. Sicrhâi'r hen of fi y byddai sŵn yr hoelen wrth dreiddio i'r carn yn dweud ei bod yn mynd i'w lle'n briodol.

Hwnnw oedd y tro cyntaf erioed imi godi troed ceffyl, a fyddwn i ddim wedi mentro y tro hwnnw chwaith gyda merlen ifanc rhag ofn imi gael cic a thorri fy nghoes.

Deuai dau geffyl gwedd hefyd i'w pedoli, eithr dim ond unwaith y flwyddyn ar gyfer eu dangos yn Ffair y Borth. Wedi'r ffair tynnai'r ffermwr y pedolau a'u cadw tan y flwyddyn ddilynol.

Roedd yr efail yn lle prysur iawn ar ddyddiau glawog pan na fedrai'r amaethwyr wneud rhyw lawer ar y tir. Cynhyrchai John Willams fanion fel tolion giatiau a modrwyau moch iddynt a byddwn innau'n weldio.

Ar wahan i'w waith yn yr efail, diddordeb mawr arall John Williams oedd cadw gwenyn. Âi i olwg y cychod bob dydd. Byddai ei freichiau yn bigiadau trostynt ar adegau a'i lygad bron ynghau, ond ni faliai ddim am hynny gan y credai fod y pigiadau yn llesol rhag cryd-cymalau.

Pan aeth John Williams yn rhy fethedig i ddal ati yn yr efail fe roddais innau'r gorau iddi hefyd yn lled fuan wedyn. Trist oedd cau y drysau am y tro olaf oherwydd buasai'r efail yn gwasanaethu'r fro am o leiaf ganrif a hanner. Mae hi wedi ei dymchwel ers llawer blwyddyn bellach. Cau fu hanes y gefeiliau ledled y wlad. Cawn y darlun yn berffaith gan feirdd tîm ymryson sir Aberteifi:

Y gêr tan rwd seguryd – a'r taw hir
  Lle bu taro diwyd;
  A wêl fwth a gefail fud,
  A wêl fedd hen gelfyddyd.

*　*　*

Cwestiwn y bûm yn ei ofyn i mi fy hun lawer gwaith
yw pam y byddai strydoedd y 'Berffro a'r tai a'r siopau
yn dwyn enwau Saesneg o gymharu â'r enwau
Cymraeg da a geid ar y ffermydd o gwmpas?

Dowch gyda mi i lawr y pentref a syllu ar yr enwau:
Church Street, Bangor Street, Bodorgan Street, Chapel
Street, Crown Inn, Prince Llewelyn Hotel, The Smithy,
Draper and General Stores, Post Office and Grocer, R.
Owen Chip Shop, R. Williams Butcher, Wellington
House, The Eagles, Beggar's Roost, Cross Key – rhesi o
enwau Saesneg fel yna a hynny mewn pentref mor
Gymreig yr adeg honno.

Ar y cyrion roedd pethau yn hollol wahanol:
Tyddyn Hwrdd, Clafdy, Y Gromlech, Bodelwa,
Llangwyfan, Tŷ Cwyfan a'r Penrhynod – Penrhyn Isaf,
Penrhyn Uchaf, Penrhyn Du a Phenrhyn Gwyn.

Ar un adeg perthynai'r pentref yn gyfangwbl i Syr
George Meyrick ac am wn i nad yw'r ffermydd yn dal
hyd heddiw yn eiddo'r stad. Chwalwyd llawer iawn o
hen dai y 'Berffro ar ôl yr Ail Ryfel Byd a chodwyd tai
cyngor yn eu lle. Gweddnewidwyd y pentre a
disodlwyd yr enwau Saesneg ar y strydoedd hefyd.
Diolch am hynny.

Rwyf wedi crybwyll enw Rhosmor eisoes. Cyn
terfynu rwyf eisiau sôn gair am John Hughes, ffermwr

Rhosmor a adwaenid hefyd fel Joni Congl Gam ar ôl enw ei gartref blaenorol. Yn ogystal â ffermio âi ar hyd a lled y wlad i ddal cwningod a thyrchod gan fod yn dda inni i gyd wrth bob ceiniog.

Roedd Joni yn gymeriad doniol a difyr, yn adroddwr, yn ddigrifwr a bardd. Arferai ganu peth hefyd ond canu coch sir Fôn oedd hwnnw yn ôl ei gyfaddefiad ei hun.

Ar ddiwrnod cinio rhent Stad Bodorgan yng ngwesty'r Prince Llewelyn yn y 'Berffro y gwelid Joni ar ei orau. Wedi'r cinio, llond bol o fwyd a digon o gwrw i bawb, yr oedd yn lle delfrydol iddo i fynd drwy ei bethau. A chan y byddai Syr George yn bresennol roedd gofyn am dipyn o Saesneg, debyg iawn.

Yn y flwyddyn 1928 roedd y meistr tir, oherwydd ei bod yn amser caled ar y ffermwyr, wedi gostwng y rhent ddeg y cant, chwarae teg iddo. Eithr dim ond am un flwyddyn y parhâi hynny. Roedd W.J. Griffith, Henllys Fawr wedi llunio cerdd ar yr achlysur. Ei thestun oedd: 'The Ten Percent Rebate'. Joni a'i canai, a dyma hi:

I breakfast eggs and porridge
In nineteen twenty-eight,
And I did pick potatoes
Upon a greasy plate.

But now I've changed my menu
For nineteen twenty-nine,
On ham and eggs I'll breakfast
And on roast beef I'll dine.

I've burnt my hat and trousers,
For they were mostly rags,
And bought a brand new topper
And a pair of Oxford bags.

You'll find me in the evening
Alounging in the bars
Consuming Scotch and soda
And smoking fat cigars.

The Missus now has finished
With pettycoats and clogs,
She's waved her hair and bangled
And wears some fancy togs.

The frock that she goes out in
Is wonderful to see,
It starts below the shoulders
And stops above the knee.

I'll buy a Baby Austin
The neatest I can find
To seat myself and missus
And the kids boxed in behind.

I'll be the swankest farmer
Upon the whole estate
While there remains a penny
Of the Ten Percent rebate.

So now lift up your glasses
And drink with sparkling wine,
Let's drink success to farming
In nineteen twenty-nine.

Let's drink an extra bumper
To Sir George and his estate,
And may he never cancel
The Ten Percent rebate.

Ysgrifennai Joni ganeuon ei hunan hefyd, wrth gwrs, a mawr fyddai'r hwyl yn gwrando arnynt. Dyma'i gerdd i rai o amaethwyr y cylch:

Rhyw air sydd gennym am rai ffarmwrs,
Rhai o Gwyfan, rhai o Ffraw,
Os gadewir rhywrai allan
Na fo dicter, na fo braw.

Mi ddechreuaf gyda'r hynaf
Gwron Bwlan yw, wrth gwrs.
Trwy ei waith a thrwy ei ymdrech,
Felly cafodd orlawn bwrs.

Dyn yw ef sy'n cael ei arddel
Ymhlith dynion doetha'r fro,
Ac yn wir mae'n haeddu hynny
Am fod gwaelod iddo fo.

*   *   *

Eto cawn ein 'guardian' arall,
Sef Trecastell lond éi groen.
Dyn yw ef ry gyngor ichwi
A gwna hynny'n bur ddi-boen.

Ger y lli cartrefa Ardy,
Ger y lli mae'r ffermdy llawn.
Y gŵr a'i blant ymdrecha,
A hwythau'n hapus iawn.

Y Fali oedd ei gartref.
Aeth yno yng ngrym ei swydd
Fel 'guardian' yn Aberffraw
A theilwng yw fel ll'wydd.

Mr Muir wir ddywedodd,
"Rhof air o glod i'r gwron hyn
Fel amaethwr, fel cynghorydd
'Cheir mo'i well ar fro na bryn."

Fe wyddom oll amdano
Fel prisiwr, gorau yw,
Dymunaf iechyd iddo
Tra yn ein plith yn byw.

*   *   *

John Pritchard wir mi dd'wedaf
Sy'n ddyn yn caru'r tlawd,
Caiff ras tuag at yr estron
Fel pe tai at ei frawd.

Dyn c'woethog yw fe wyddom,
Trwy weithio gwnaeth ei god,
Dioddefwr da wrth gwsmer
Os na fydd pres yn bod.

Mae'n dda i aml ffarmwr
Fod dyn o deip rhen John
Yn dioddef wrth hen ffarmwrs
Ar flwyddyn wael fel hon.

* * *

Daw eto yng ngrym ei oedran
Hen gapten o Fryn Gwyn,
Wel, dyma deip o weithiwr
Fe wyddom oll cyn hyn.

Yn 'Berffro gwnaeth ei ffortiwn,
Ym Mryn Gwyn y caiff fwynhad.
Fe gerddodd am flynyddoedd
I saethu gêm y stad.

Mae heddiw trwy y gyfraith
Yn cael y deg swllt llawn,
A gwir mae ef a'r misus
Yn haeddu'r swm yn iawn.

* * *

Yn awr ceir gŵr y Fferam
Sef 'guardian' Maelog dir,
Mae yntau fel rhai eraill
Yn haeddu parch yn wir.

Pe dim ond am ei ymdrech
Ynglŷn â'r trethi mawr,
Fe lwyddodd yn y Fali
I'w cael gryn gwrs i lawr.

Mae pwys ynglŷn â swyddi
Yn gorffwys ar 'rhen Huws.
Pan ddwed ei feddwl cadarn
Doedd dadlau o ddim iws.

Mae ganddo eiddo dirfawr
A synnwyr llawer mwy
Y gwir yn fyr amdano –
Fe yw Lloyd George y plwy'.

     *   *   *

Wel, Tyddyn Hwrdd ddaw nesa',
E. D'r tenorydd llon
Fe ganai pan yn ieuanc,
Gwnaeth eto'r noswaith hon.

Bu'n canu ar lwyfannau
Enillodd lawer tro
Petai'n cystadlu eto
Nid oes a'i cura fo.

Yn nyddiau y gorffennol
Roedd dau o frodyr Ffraw
Yn brif feistrolwyr canu
Mewn cyrddau yma a thraw.

Gŵr Trefri oedd y baswr,
Caed taran yn ei lef,
Hyfrydwch i bob Cymro
Oedd gwrando arno ef.

*　　*　　*

Yn awr mi awn i'r Henllys
At W.J. a'i chwaer,
Y gorau fel cymydog
Yn wir o Fôn i Gaer.

Mae'n ffarmwr a dramodydd
Ac yn storïwr llon,
Disgwyliaf am ei annerch
I ni y noswaith hon.

Pan fyddo ef yn traethu
Rhydd inni'r 'light and shade'
A phopeth a ddyweda
Sydd ganddo'n 'ready-made'.

*　　*　　*

J. Lewis wir o'r Selar,
Bu bron im anghofio'r gŵr,
Rhyw ddydd bydd yn filiwnydd
Wrth droi ei felin ddŵr.

Pob sach a fâl ei felin
Ddaw iddo ag ugain pwys
A gonest felinydd ganddo
Na thwylla neb o bwys.

Trwy hyn a phopeth arall
Sy'n prysur lenwi'i bwrs
Fe gofia Lewis Selar
Am dlodi'r dre, wrth gwrs.

*   *   *

Yn awr cyn imi dewi
Rhaid cofio am O.I.
Y ffarmwr o Fodelwa
Sef bridar o fawr fri.

Mae'n dda im fel cymydog,
Ei ffeindrwydd ddeil mewn co',
Enillydd yw fe wyddom
Ar faes y Royal Show.

Mae'n gywrain fel amaethwr,
Dyn yw sa' at ei air
Am hyn mae yn ei foto
A chanddo mae tŷ gwair.

Ar ambell nos o aeaf
Caf ganddo wadd i ddod
I chwarae gyda'i filiards
Fy nghuro fydd ei nod.

* * *

I fferam ym mhlwy Cwyfan
Rwy'n ceisio llunio cân
Yn wir mae'n waith go anodd
Gan y bûm i wrthi o'r blaen.

Dechreuaf gyda'r ffarmwr
Mab stordy mawr Plas Coch
Dyn llariaidd ysgafn ydyw
Fe'ch gwêl ble bynnag boch.

Dechreuaf gyda'r cloddiau
Caeedig o bob tu,
Am hynny nid â drostynt
Ond 'deryn bach yn hy'.

Ar ben pob clawdd ceir gweled
Y bigog weiran gas,
Yr hon yn wir osodwyd
Yn gampus gan rhyw was.

Bob chwellath fe gair polyn
Un haearn, nage, pren,
Os dieithr ddyn ddaw heibio
D'wed hyn am byth: 'Amen'.

Mi gofiaf imi gyfrif
Un dydd wrth fynd i'r traeth
Gryn hanner cant o giatiau
Rhai newydd, bron ddim gwaeth.

Dau gilbost crwn go gyfer
O bob giât; fe gyfrais gant
O ddedwydd ddyn wyt ti O.J.
A'th wraig a'th hawddgar blant.

Y defaid geir yn raenus
Dri chant neu well rwy'n siŵr,
Eu llygaid yn serennu
Dim sein o'r dolur dŵr.

Ceir yma ddau o borthwrs,
Mae un fel 'handy-man'
At gario dŵr a godro
A mynd i'r fan a'r fan.

Mae'r cyfri yma'n uchel,
Dros gant o'r lloi i'r fuwch,
A'r tarw yng nghwt isa
Yn bloeddio'n llawer uwch.

Ar derfyn pella'r fferam
Mae eglwys Cwyfan Sant,
A phan ddaw'r dyddiau hafaidd
I'w gweld daw'r Sais a'i blant.

Mae hon yn bur oedrannus
Prif addurn yw i'r fro,
A phan mae'r llanw i fyny
Mae'n saff pe heb ddim clo.

Os rhywbryd ewch i'r fferam
A berwi byddo'r dŵr
Pob croeso a gewch yno
A hynny'n bur ddi-stŵr.

Cewch de o siop John Pritchard
A chaws, efallai jam,
Dywedaf hyn o brofiad –
Medd Joni Congl Gam.

*   *   *

Pan soniai Joni am y melinydd yn cael ugain pwys o
flawd am 'bob sach a fâl ei felin', cyfeirio yr oedd at y
doll a godai'r melinydd am ei wasanaeth i'r ffermwr.
Dyna oedd ei dâl. Gwerthai yntau'r blawd un ai i
wneud bara cartref neu yn borthiant i anifail.

Mae gennyf gof plentyn am fynd i Felin Selar yn y
'Berffro efo fy nhaid ar gwtyn ei feic. Bychan iawn
oeddwn, a'r hyn a wnaeth fwyaf o argraff arnaf oedd
sŵn y malu, y lampau oel yn crogi o'r nenfwd a'r
llwch ym mhobman. Cofiaf hefyd mai Jac oedd enw'r
melinydd.

Olwyn ddŵr oedd yn troi melin Selar. Roedd dwy
felin ym Mryn Du. Gweithiai un, Melin Bont, efo dŵr
neu wynt ond gwynt yn unig a droai'r Felin Uchaf.
Mae adeiladau'r tair melin ar eu traed o hyd, ond

segur yw'r meini bellach.

Mae cofio am weld troliau yn mynd ag ŷd i'r felin yn f'atgoffa am hen gymeriad o'r 'Berffro, Twm Car wrth ei enw, a gludai flawd i'r ffermydd efo car bach ysgafn a ddaliai saith gant a merlen ddu rhwng y llorpiau.

Roedd gan Owen John Pritchard, ffermwr Bodfeurig, – meistr taid a minnau pan oeddwn yno'n gweini, – fusnes gwerthu blawd a glo yng ngorsaf Tŷ Croes. O'r fan honno y gweithiai Twm Car. Âi a llwyth yn y bore i'r ffermydd pellaf a dau lwyth y prynhawn i lefydd yn nes adref. Ganddo ef y cawsai nain flawd i'r mochyn a'r buchod ac India Corn i'r ieir. Tŷ ni fyddai'r lle olaf ar ei daith. Croesai'r traeth wedyn ac i'r lôn rhyw ddwy filltir oddi cartref. Gweithiai'n aml rownd y cloc o saith tan saith.

Unwaith bob pythefnos y deuai i werthu glo i'r tyddynnod. Âi'r ffermwyr i nôl eu glo eu hunain efo troliau pan gyrhaeddai wagen i'r stesion. Roedd yn rhaid gwagio'r wagen mewn tridiau neu dalu dirwy i gwmni'r LMS.

Yn ogystal â blawd a glo, cariai Twm bob mathau o fanion pan ddeuai pobl ar ei ofyn. Os oedd eisiau bwced neu linyn neu frws rhoddid archeb i Twm i'w cyrchu ac fe'i ceid mewn diwrnod neu ddau.

Roedd gan Jac Penrhyn Uchaf, brawd Twm, gar a merlen hefyd yn gwerthu llefrith yn y pentref ac roedd cymeriad arall, Jac Joci, a wnâi fywoliaeth gyda char a merlen yn cario gwlân, cwningod a chrwyn tyrchod at y trên gyda'r nos, a chario gro a gwymon ar gyfer y gerddi.

Diflannodd sŵn carnau'r merlod oddi ar strydoedd

y 'Berffro yn fuan wedi diwedd y rhyfel. Symud efo'r oes yw ein hanes o hyd.

* * *

Os darllenasoch hyd yma fe welsoch imi gael plentyndod dedwydd a phrysur. Soniais lawer am taid a nain. Roedd y ddau yn annwyl iawn imi, wedi fy magu fel eu nawfed plentyn. Mewn cysylltiadau hapus y cyfeiriais atynt gan amlaf ond yr oedd ganddynt hwythau, fel llawer tad a mam, eu croes i'w chario. Ar ôl mynd i ffwrdd i weini yn ifanc diflannodd un o'r merched, fy modryb Annie, ac ni ddaeth byth yn ôl. Rhywfodd neu'i gilydd clywyd ei bod wedi priodi a bod ganddi ddau o blant yn rhywle. Bu llawer o ddyfalu tybed a ddywedodd hi gelwydd am ei magwraeth wrth ei darpar ŵr. Ai dyna pam y mynnodd gadw draw? A oedd arni ormod o gywilydd i addef iddi gael ei magu mewn tŷ bychan ar lan y môr gyda'r tŷ bach ym mhen-draw'r ardd a *Herald Môn* yn ddarnau bach sgwâr ar hoelen tu ôl i'r drws?

Bu diflaniad y ferch yn boen meddwl i taid a nain ar hyd y blynyddoedd, ac i weddill y teulu hefyd, ran hynny. Pan fyddwn yn darllen fy *Beano*, ac am helyntion 'Desperate Dan' wrth y tân fin nos fe'u clywn yn sôn amdani'n aml. Disgwylient i'r diwedd ei gweld yn cerdded ar draws y cae at y tŷ fel y gwnâi'r plant eraill yn eu tro, ond aeth y ddau i'w bedd heb i hynny ddigwydd.

Ofnaf fy mod yn gorffen ar nodyn go drist, ond ni ellir osgoi'r gwir. Mae gen i ddeugain mlynedd arall i'w rhoi ar gof a chadw. Gobeithio y caf fywyd ac iechyd i wneud hynny rhyw ddiwrnod.